电视综艺节目的平民公共领域建设研究

——以当代中国电视真人秀为例

王小娟　著

科学出版社
北京

内 容 简 介

本书立足哈贝马斯的“平民公共领域”理论，从受众的角度研究当代中国电视综艺节目的发展状况。本书的研究特色在于理论创新，打破公共性与私人性之间相互对立的二元思维，注重从中国传统文化引导私人性向公共性转化，强调公共性对私人性的吸纳和包容，生成具有中国特色的平民公共领域。在理论研究的基础上，重点以当代中国电视真人秀节目为样本，进行量化分析和定性研究，阐述电视综艺节目的公共性与私人性之间的同构和互塑路径，及其存在的种种问题，并以平民公共领域为理论视角，提出中国电视综艺节目构建有中国特色平民公共领域的具体措施。

本书可作为新闻传播等相关专业的师生的参考用书，也适用于从事媒体工作的相关人员。

图书在版编目（CIP）数据

电视综艺节目的平民公共领域建设研究：以当代中国电视真人秀为例 / 王小娟著. —北京：科学出版社，2017.5

ISBN 978-7-03-052754-7

Ⅰ. ①电… Ⅱ. ①王… Ⅲ. ①文娱活动-电视节目-研究-中国 Ⅳ. ①G222.3

中国版本图书馆 CIP 数据核字（2017）第 099992 号

责任编辑：李淑丽 乔艳茹 / 责任校对：刘亚琦
责任印制：张 伟 / 封面设计：华路天然工作室

科学出版社 出版
北京东黄城根北街 16 号
邮政编码：100717
http://www.sciencep.com
北京京华虎彩印刷有限公司 印刷
科学出版社发行 各地新华书店经销
*
2017 年 5 月第 一 版 开本：720×1000 B5
2017 年 5 月第一次印刷 印张：10
字数：220 000
定价：48.00 元
（如有印装质量问题，我社负责调换）

前　言

改革开放以来，中国社会发生了巨大变化，社会与国家逐渐分离，大众文化兴起，消费主义流行，这给中国电视的发展带来了机遇和挑战。就电视研究而言，近年来伴随媒介产业化进程，受现代营销学思想影响，学术界对作为电视传播结果的受众（观众）研究做得比较充分，却一定程度上忽略了对表征电视媒介发展水平的节目领域的研究。换句话说，节目研究滞后于观众研究，原因分析滞后于结果分析，这不利于反思当下电视节目单薄、短视、肤浅的状况。不过，我们也不能因此忽视观众研究，而应该以观众研究的精神和经验反哺节目研究。[①]当代中国电视综艺节目蓬勃发展，涌现出大量真人秀节目，这需要我们立足于电视节目本体，兼顾电视受众，以实证研究为主，辅以理论研究的方式探讨电视综艺节目的发展问题，弥补电视节目本体研究的不足。

随着当代中国电视综艺节目的快速发展，电视娱乐节目出现了很多新现象和新问题，需要我们在理论上不断追问、阐释和回答。众所周知，电视作为党和国家的“喉舌”，地位并没有根本改变，但在社会与国家的相对分离过程中，电视综艺节目改变了过去单纯依赖国家扶持的状况，形成了国家、社会、市场三者相互作用的局面，出现了一些新特征。

一方面，节目形式不断翻新变化，多种多样。20 世纪八九十年代中期，晚会曾占据着电视综艺的主流，90 年代初出现了《综艺大观》《曲苑杂坛》等，这些在今天被看作是文艺表演大荟萃模式的节目，但对当时而言却是一大进步；自 90 年代中后期以来，随着湖南卫视《快乐大本营》《玫瑰之约》及北京电视台《欢乐总动员》等节目的兴起，电视综艺节目的观念和形态都发生了很大的变化，有的侧重于“游戏+著名演艺人员”的娱乐兼文艺模式，有的融谈话与文艺表演于一体，有的则加强了竞猜和博彩的成分；时至 21 世纪，电视综艺节目更是五彩缤纷，如湖南卫视的《超级女声》、中央电视台的《我们有 1 套》、东方卫视的《中国达人秀》，以及《快乐女声》《快乐男声》《加油，好男儿》《我型我秀》《中国好声音》（现更名为“中国好歌声”）、《中国梦想秀》等。

另一方面，节目内容逐步表现民生主题，传达大众声音。观众参与电视节目的热情得到空前释放，参与方式多样化，参与途径多元化，尤其是手机、互

---

① 郑维东：《节目与观众哪个更重要》，《收视中国》， 2011 年第 3 期，第 1 页。

联网等多媒体的联合，一定程度上形成了观众与电视“零距离”的关系，观众不再只是接收指令的消极客体，而是积极的参与者。

纵观我国当代电视综艺节目的发展，可以看出一条清晰的受众地位的演进之路。由早期的被动接受、被教育、纯布景式的存在，发展到今天观众在节目中可以发言、参与讨论，甚至通过声讯电话、短信、网络新媒体等形式提出自己的观点和施行表决权。参与节目表演的不仅有各路著名演艺人员和各个行业精英，还有大量普通民众。可以说，普通民众参与热情的高涨、专家话语权的让渡、真人秀节目的火爆，这些都使我们注意到一个不争的事实，那就是受众地位的不断提高极大地改变了电视制播、电视文本、电视观众三者之间的关系。

随着国家提出改变原有的政府扶持机制，推行电视产业化和市场化、加快第三产业发展的各项政策，我国电视节目开始受到国家意识形态话语和经济资本的双重制约，电视综艺节目在获得初步繁荣的同时，也出现了很多问题。例如，电视节目片面追求收视率和迎合观众的趣味，导致节目制作不精、手法拙劣，一味地追求“搞笑”，有的节目甚至太过“开放”，品位低俗不堪，这些跟风和低俗之作严重冲击了社会的道德底线，扭曲了社会的审美趣味。同时，全国很多电视台为了争夺观众眼球，竞相“抄袭”，导致节目同质化现象严重。这些现象显示，电视综艺节目的发展陷入了两难境地：紧跟政治和“主流”，又怕失去市场份额，还赚不了“吆喝”，最终落下“巧妇难为无米之炊”的结局；紧跟市场化步伐，围绕经济指向转，又得了个“三俗”的骂名，最终也难以为继。于是，徘徊和焦虑考验着当代中国电视综艺节目的发展。

这些新现象和新问题值得我们注意，尤其是普通民众参与的积极性、广泛性，以及综艺节目形成的社会影响力是其他节目类型难以比拟的。因此，普通民众的崛起对中国电视节目转型产生何种影响？节目话题所形成的舆论和社会影响力在中国社会发展过程中具有何种价值和意义？另外，在电视行业“既具有形而上学的意识形态属性，又具有形而下的信息产业属性”的双重属性，以及“机关式管理，事业单位要求，企业化运作”的背景下[①]，当代电视综艺节目如何打破政府规制和商业利益的双重束缚，找到两者间的平衡点？电视综艺节目的未来之路何在？这些问题亟需深入研究。

本书以“公共领域”为理论指导，一方面是因为公共领域作为一种社会理论，具有反观各种社会现象的理论力量；另一方面主要基于这样的事实，即中国普通民众的崛起改变了电视与受众的关系，电视综艺节目为平民受众参与社

① 李良荣：《中国传媒业的性质定位和制度创新》，《南方电视学刊》，2004年第2期，第41页。

会话题讨论提供了平台，并产生了一定的社会影响。这需要我们继续探问：电视综艺节目的参与性、话题性能否促进公共领域的建设，进而推动平民大众追求一种自由的、善的生活？电视综艺节目如何协调政府规制、受众参与、产业化运作的关系，保护公共利益？建设公共领域是否有助于当下电视综艺节目跳出"三俗"困境，走上健康、可持续发展的道路？无疑，公共领域理论有助于反思这些问题，同时又将电视研究纳入社会学视野，推动中国电视的社会学研究。

有观点认为，运用西方的公共领域理论关照中国当代的电视综艺节目，存在不少问题，诸如中国社会根本不存在公共领域问题、娱乐节目无法承受公共领域之重、公共领域是否适合中国实际，这些质疑是值得重视和思考的。然而，事实是，西方公共领域理论不但存在于政治层面，而且存在于社会的各个方面。例如，哈贝马斯提出公共领域中的道德共同体建构论题（见后文）等，彰显了其理论的多维性和包容性。另外，西方公共领域关照中国情况，遇到中国化的难题，不过，黄宗智等域外学者发表了大量相关研究成果，从东方文化角度寻找适合的理论营养，尤其突出公共领域中的"人"的成长及"公"与"私"的双重转化，都立足于东方文化传统，为公共领域理论的东方化进行了卓有成效的探索，为研究电视综艺节目的公共领域建设提供了重要理论养分。我们不能因为公共领域侧重于讨论政治层面的公共话语而否认其他内容，甚至否认中国社会的公共领域问题；也不能因为电视综艺节目的定位在于娱乐，而否认其社会属性，主观地认为公共领域建设是电视综艺节目不能承受之重；也不能认为中国当下社会不具备公共领域建设的社会条件，而否认电视综艺节目建构它的可能性。

一种理论的魅力和意义不在于它的具体观点，而在于它指导实践的原则和方法，公共领域理论亦是如此。我们应该立足于当下社会情境，赋予公共领域概念以现实的意义和内涵，进而探讨公共领域与传媒的关系。本书将在中国的政治、经济、文化语境下，吸纳公共领域的理论养分，重新阐释中国电视综艺节目的公共领域内涵，赋予它以现实性意义和内涵，并以此为理论关照，分析当代中国电视综艺节目的发展状况，为电视行业的实践活动提供启示。

王小娟

2017年2月

目　录

绪　论

第一节　研究现状

国外对媒介与公共领域关系的探讨相对较早，研究成果也比较丰富。20 世纪 80 年代，哈贝马斯的公共领域理论传到东方，为我国研究者所注意，随即公共领域问题成为电视研究的一个热点，但电视综艺节目与公共领域关系的研究成果却非常少。所以，本书不单独综述电视综艺节目与公共领域关系的相关成果，而是扩展开来，从传媒与公共领域、电视与公共领域、电视综艺节目研究三个方面，层层梳理国内外相关研究成果，时间起始于 20 世纪 90 年代。

一、传媒与公共领域

（一）传媒与公共领域的关系

哈贝马斯在讨论公共领域时，分析了大众传媒的影响，后来很多学者在哈贝马斯的基础上，探讨了媒介对公共领域的影响。例如，有的学者认为"公共领域的建成在于媒介的变革"[①]，也就是说，媒介变革将重构公共领域。有的学者认为，虽然哈贝马斯理想化的公共领域因其男权化、欧洲中心主义和资产阶级化等局限性而受到批评，"但公共领域为理解传播过程中的民主可能性提供了一个有用的观念"，他们强调了公共领域的民主功能，甚至预言随着近些年媒介和交流的全球化，将会出现"全球化公共领域"[②]。

在这些研究中，张军华的论述比较详细。他说："大众传媒转型将以参与式和多元化为其主要的内在特质，在为公众提供诸多参与社会公共生活的机会，同时，也为批判性公共领域的塑造过程生发出一种持久而强劲的动力支持。"[③]他看到了媒介转型对公共领域的重大影响，所以呼吁大家进行切实的媒介研究工作，而不要流于僵持不下的争论。他说："当代媒介转型虽然带来了种种现

---

① 颜胤盛：《公共领域的媒介因素论纲》，参见李晓华、田智辉：《媒介研究：传播学子论坛·2008》，北京：中国传媒大学出版社，2009 年，第 6 页。

② 屠苏：《国际传播：延续与变革》，董关鹏译，北京：新华出版社，2004 年，第 85 页。

③ 张军华：《大众传媒转型与公共领域拓展》，《学术论坛》，2009 年第 6 期，第 184-187 页。

实问题，但是，无论我们持乐观的抑或是悲观的态度，它都应当成为人们考察批判性公共领域理论与实践的一个最重要理论参照系。”[①]张学标和严利华从认同与理性的关系出发提出，“在全球化的趋势中，现代社会面临着文化和群体之间的冲突，公共领域中自由与平等的沟通，仍是解决冲突和寻求可以共存的协议的首要方式。这种沟通不在于是否是理性的论辩或是可否达成普遍性的共识，而是透过众多不同的公共领域不间断的叙述，和对自我存在的再描述，而能逐渐扩大公民之间的政治认同”[②]。张学标等意在建立一个经过不同叙述达成相互认同，但又具有差异性的公共领域，这种差异性的不间断叙述的结果，按照日本学者水越伸的话来说，即公共领域对于媒介而言是一种“媒介的群落生境”，这就意味着媒介中潜藏的玩具特质在人类与社会的影响下被激发出来，我们在建构传媒公共领域时，“人类有必要学会通过各种各样的方式从事游戏活动，因为这些游戏的作用与‘群落生境’中的孔洞相仿，保证了系统的开放性”[③]。张华军与水越伸都强调了媒介对公共领域形态的影响，同时强调了信息技术背景下公共领域的互动性、差异性、开放性特质，尤其是水越伸积极肯定了娱乐、游戏与公共领域的联系，否认了理性精神与共识之间的因果联系。这在理论上证明了电视综艺节目建设公共领域的可能性。当然，这些强调媒介对公共领域的影响论者往往被批评为技术中心主义。

讨论传媒与公共领域的关系离不开探讨传媒的文化语境问题。张卓探讨了哈贝马斯为大众传媒设定的理想角色之后说：“客观而言，这样的前提条件与中国传媒的体制现状相去甚远。虽然‘喉舌论’一统天下的状况已经被传媒功能的多样化逐步取代，但中国传媒体制的单一性决定了其必然处于公共权力之中，中国传媒在实施评判功能时不得不面临外力与内力的双重重压，其与公共权力机关相抗衡的力度与广度也必然受到一定的限制。在此境况下，探讨中国传媒的公共领域角色就必须有一个更为宽泛的现实语境——公共事务讨论空间。”[④]张卓从特殊性出发，将公共领域从政治维度转向社会维度，将社会公共事务的讨论作为传媒公共领域的重要功能，揭示了中国传媒公共领域的一个特殊“面相”。

当然，也有学者从政治层面讨论中国传媒公共领域的特殊性，将“纯粹政治权力领域”与“具有政治功能的公共领域”相区分[⑤]。这种区分有利于肯定

---

① 张军华：《大众传媒转型与公共领域拓展》，《学术论坛》，2009 年第 6 期，第 187、196 页。
② 张学标、严利华：《大众传播媒介、公共领域与政治认同》，《新闻与传播评论》，2009 年，第 65 页。
③ 水越伸：《数字媒介社会》，冉华、于小川译，武汉：武汉大学出版社，2009 年，第 54 页。
④ 张卓：《中国传媒公共领域角色的异化与重建》，《新闻与传播评论》，2004 年，第 214 页。
⑤ 钱蔚：《政治、市场与电视制度：中国电视制度变迁研究》，郑州：河南人民出版社，2002 年，第 33 页。

电视公共领域的存在，但将政治功能视为公共领域的核心部分，显然又遮蔽了公共领域的其他内容。本书将在理论上辨析公共领域理论，探讨西方公共领域理论的多种“面相”和维度，寻求适合中国传媒公共领域的理论养分。

（二）大众传媒建设公共领域的可能性

在哈贝马斯看来，大众传媒既是公共领域的组成部分，又是公共领域的一种内在机制；既统领了公共领域，又最终颠覆了公共领域。面对大众传媒与公共领域的复杂关系，研究者对传媒公共领域的态度也非常暧昧和复杂。

有些学者肯定传媒建设公共领域的能力。彭逸林在其专著中运用“使用与满足”理论分析传媒的这种建设能力。他说：“大众传播具有的现代交感巫术功能使文学化的代表型公共领域被流行文化、大众文化离散，转而为大众传播的、信息的、私语的公共领域，不再是贵族的政治公共领域。大众传播的单向发布转为互动，人们在虚拟的景观中搜索具有巫术般魅力的虚拟参与，并为之满足。”[①]大众传媒不仅改变了公共领域的表达文本，逐渐走向平民化、碎片化、隐私化，而且深受传播实践中商业的诱惑，也就是哈贝马斯所批判的传播媒介被商业化所操控。针对这种弊端，彭逸林认为，在发展中国家的大众传播实践中商业诱惑常常会消解权力干预，后现代语境下的大众文化同样是权力高度集中和僵化体制的泻药，为弱势群体的意见进入公共领域提供了渠道，进而形成“另一种公共领域”[②]。彭逸林对商业化与公共领域的利弊关系的认识比较辩证，富有启示意义。

同样，于德山在其著作《当代媒介文化》中也注意到了商业化背景下的传媒力量。在他看来，大众传媒影响了公共领域的结构，同时又统领了公共领域。在这种情况下，公共领域并不是完全消失了，而是变成大众传播中的众多因素之一，与其他因素并置于传播系统之中，表现出从未有过的复杂状态。于德山没有将传媒公共领域简单化，而是详细分析了中国当代媒介公共领域的状况，也就是中国当代大众传媒已经在不经意间建构了一个初具规模的公共领域，具有自身的特殊性。

以上论述都意在寻找中国传媒公共领域的特殊“面相”，寻求公共领域理论在中国语境下的地方性维度。不足之处在于，这种“初具规模的公共领域”，或者“特殊的公共领域”的表现形式是什么，彭逸林、于德山两位学者并没有进一步探究和追问。

① 彭逸林：《真实·人文的宿命》，重庆：重庆出版社，2005年，第229页。
② 彭逸林：《真实·人文的宿命》，重庆：重庆出版社，2005年，第233-234页。

当然，更多学者是将西方的公共领域视为一种普适性理论，使之与传媒相结合。石义彬分析了中国传媒公共领域的发展历程，并探讨了传媒公共领域与社会主义市场经济、依法治国、舆论监督之间的关系①。国外学者吉登斯在哈贝马斯的公共领域理论的基础上，提出公共领域对于推动民主的积极作用。他说，现代媒体以一种重要的方式为推动民主做出贡献，“公共电视和广播，再加上互联网，就为发展公开对话和讨论提供了许多机会”②。这些探讨有助于思考中国大众传媒在提供多元对话平台的同时如何影响社会民主的进程问题。

不过，也有很多学者否认或怀疑传媒建构公共领域的能力，这与西方的相关争论分不开。例如，菲利普·埃利奥特认为媒介视野中的公共领域正在消失③；也有人认为，中国的媒介是党的“喉舌”，在一元体制下电视媒介很难建设公共领域，同时媒介走向市场化，也导致私人话语对公共领域的入侵，公共与私人领域的融合，都妨碍了真正的公共领域的建立。这些否定性观点受到哈贝马斯的媒介观的影响，多了消极性，却少了哈贝马斯的理想性。

（三）建构传媒公共领域的路径

张锦华从公共领域的角度指出媒体角色与建构传媒公共领域之间的关系问题。他说：“从公共领域的观点来解释媒体的角色，一方面必须重视社会运动所代表的市民社会批评公共政策的力量；另一方面则必须进一步反省媒体由于其新闻专业既有的意识形态结构等的限制所产生的偏差，才得以要求媒体以更理性——批判的报道方式，讨论公共议题，及报道社会运动。也就是说，媒体必须随时警觉其‘扭曲沟通’的社会压力，并开辟开放讨论的空间，培养‘理想言辞情境’的条件，才得以真正落实公共领域的精神，促进社会各族群的利益与共识，以助长民主政治社会中公共领域的健全发展。”④任金州在其文中详细阐述了中国电视媒体建设公共领域的路径，强调包括新闻在内的中国电视节目要走自己的路，尤其在当前构建和谐社会的社会背景下，我们要充分发挥电视传媒的传播优势和特点，增强信息传播和交流的服务性与公共性，进一步开放“公共话语空间”，实现政府、社会和公众三者间的良性互动，促进社会安定有序、人与自然和谐相处⑤。张锦华和任金州都探究了公共领域建设的路

---

① 石义彬：《单向度、超真实、内爆：批判视野中的当代西方传播思想研究》，武汉：武汉大学出版社，2003年，第82-112页。

② 安东尼·吉登斯：《社会学》，李康译，北京：北京大学出版社，2009年，第93页。

③ 菲利普·埃利奥特：《知识分子、“信息社会”与公共领域的消失》，载纽博尔德：《媒介研究的进路：经典文献读本》，汪凯、刘晓红译，北京：新华出版社，2004年，第319页。

④ 张锦华：《传播批判理论》，台北：黎明文化事业股份有限公司，1994年，第223-224页。

⑤ 任金州、卞清：《增强公共性和服务性进一步开放“公共话语空间”：中国电视新闻改革的“公共领域”建设构想》，《现代传播》，2006年第1期，第45页。

径和方法，但没有注意到制度层面的建设。美国学者克罗图认为，“从公共领域的角度来看，媒体能为民主社会所做的贡献就在于不断创造，并维持公民具有参与公众事务的权利与空间的制度”[①]。克罗图强调了公共领域与制度建设的联系，弥补了张锦华与任金州等研究的不足，这对建设中国大众传媒制度具有启发性意义。

胡泳则更加全面地探讨了大众传媒实现公共领域理想的具体措施，即营造社会归属感、灵活决定匿名政策、保持平等、鼓励慎议、培育良好的公共话语[②]。胡泳提出的措施针对性强，但他却没有考虑到其他制衡与束缚的因素，略显理想化。美国学者道格拉斯·凯尔纳则指出批判性知识分子在传媒建设公共领域中的作用。他认为，“新的公共领域和现代高新技术，对知识分子的作用和职责提出了新要求”“现在和未来的知识分子必须关注如何使用新技术、发展新技术以及技术服务于何者利益等问题”[③]。凯尔纳从新技术的角度提出知识分子的作用问题，弥补了其他人研究的不足。

以上研究具体而微，但从传媒角色、话语空间、公共话语、知识分子与新技术等方面为中国电视综艺节目的公共领域建设提供了启示。

二、电视与公共领域

（一）电视与公共领域关系的理论层面研究

哈贝马斯的公共领域理论在中国的电视批评学中占有重要地位。例如，欧阳宏生的《电视批评学》详细探讨了哈贝马斯的“公共领域理论”与“交往行为理论”[④]。王振城在《当代西方电视批评理论》中也做了同样的分析，他认为，作为大众媒介的电视，在当代社会中不仅要受公众理性力量的制约，而且也在不断地生产这种力量——公众理性的声音。他还指出，“在当代社会中，大众传媒不是一个绝对公共的世外桃源，其实，国家、市场、个人和公众等多方面的力量都会牵扯其中而且彼此相互影响”[⑤]。这些研究强调理性对于建构电视公共领域的重要性及复杂性。需要特别指出的是，石长顺在深入研究中国电视公共领域的基础上，认为近年来我国电视公共领域已经初具规模，表现在：

---

① 克罗图、霍伊尼斯：《运营媒体：在商业媒体与公共利益之间》，董关鹏、金城译，北京：清华大学出版社，2007 年，第 20 页。

② 胡泳：《众声喧哗：网络时代的个人表达与公共讨论》，桂林：广西师范大学出版社，2008 年，第275-280 页。

③ 道格拉斯·凯尔纳：《公共领域与批判性知识分子》，李卉译，《上海行政学院学报》，2007 年第 2 期，第 98 页。

④ 欧阳宏生等：《电视批评学》，成都：四川大学出版社，2006 年，第 71-84 页。

⑤ 王振城：《当代西方电视批评理论》，北京：中国广播电视出版社，2007 年，第 257-258 页。

其一，围绕社会热点设置议题；其二，为公众提供越来越多的参与渠道；其三，参与者身份与叙述风格的多样化；其四，公共舆论的作用越来越大。同时，他也指出了中国电视公共领域建构的诸多不足。①石长顺的研究肯定了电视公共领域建构的可能性及复杂性，为研究电视综艺节目的公共领域提供了理论借鉴。

国内还有很多学者从特定的角度分析电视公共领域。例如，有学者从社会舆论的角度阐述电视公共领域建构的重要意义，“公共领域是民主社会生活的一个重要空间，它的形成是公民平等参与社会政治、经济和文化生活的体现。在现代社会中，公共媒介成为人们发表意见的载体，而电视媒介因为同时具备了‘公共性’和‘批判性’的特质，对社会舆论的形成有深刻的影响，所以电视是可以积极拓展公共空间的一种重要公共媒介”②。这一研究指出了电视媒介的“公共性”与“批判性”是电视公共领域的一种特质。荣耀军从电视话语变迁的角度指出，自20世纪90年代以来，在一系列传媒体制改革的推动下，中国的电视公共领域形成了三套话语系统竞争与共生的媒体局面：代表党和政府意志的国家话语系统、代表知识分子意志的精英话语系统、代表普通市民意志的大众话语系统。这使得观众感受到的媒体现象复杂化，也使中国电视在话语生产的环节方面复杂化。③还有的学者从科技发展的角度探讨电视公共领域，强调科学技术的变革给电视公共领域带来的影响。例如，从多媒体的角度探讨网络传播对电视公共领域的影响。首先，对话形式发生了变化，是在场与不在场对话的断片式接续；其次，对话者类型发生改变，是代表型与大众型公共领域的交叉渗透；最后，对话机制也出现新的方式，即议程设置上控制与反控制的博弈。④梁国伟等从光电子技术的角度探讨了电视新闻建构的公共领域特征，也就是光电子构造的影像公共交往领域⑤。这些研究强调了电视话语与社会舆论的新特征，也强调了科学技术是电视公共领域的物质基础。以上不同视角的研究尽管不够全面，却从某一个层面指出了电视建设公共领域的可能性，这都有利于我们综合考量和探究当代中国电视综艺节目的公共领域问题。

国外学者较多从受众角度分析电视公共领域问题。例如，英国学者格雷姆·伯顿说：“那些能够上电视的人都要得到制片人的许可，而后者是根据观点的平衡性和受众的兴趣来决定谁能够上电视。公众通过媒体进入公共领

---

① 石长顺、张建红：《公共电视》，武汉：武汉大学出版社，2007年，第65-80页。

② 唐晓：《论电视媒介中的公共领域建设》，《新闻爱好者》，2009年第11期，第184页。

③ 荣耀军：《当代中国电视文化研究：多维话语系统的竞争与共生》，上海：学林出版社，2009年，第66页。

④ 胡明川：《电视公共领域在网络时空下的结构转型：对话形式、对话者、对话机制的转变》，《四川教育学院学报》，2009年第5期，第52-53页。

⑤ 梁国伟：《电视新闻：光电子技术构建的公共领域》，《新闻界》，2006年第3期，第78页。

域——至少是接触到它——的机会既不是自由的，也不是有保证的。实际上，公众只有在遵循媒体机构自身所制定的基本规则的前提下，才能得以进入到这一公共领域中去。”[①]这样的公共领域实际上是为少数人设立的，不过，他也警醒我们不应过度夸大这样的观点。在他看来，“应当承认，大众传媒确实给了‘人民’发声的机会”[①]。他对电视公共领域与受众关系的认识比较辩证，同时具有较强的批判性。

英国学者汤普森从受众参与的角度肯定了电视公共领域。他说：“电视等媒体产生了一个新型的公共领域，它没有空间限制，它不一定与对话相联系，处在私人化家庭环境中的为数不定的人们都可以看到它。大众传播的发展非但没有敲响公共生活的丧钟，却产生了一种新的公共性并且从根本上改变了大多数人能经历公共事务的条件以及在今天参与所谓的公共领域。”[②]汤普森的受众研究肯定了电视公共领域对于公众的意义，但其乐观主义是否符合中国特殊的传播环境，还有待深入讨论。

英国学者罗杰·西尔弗斯通则提出“公共领域的郊区化”概念。他说：“新的技术带来的可能以及郊区所体现出来的特性，并不只是家庭空间的特性，也不确切是公共空间的家庭化。也许更重要的是，随着社会与技术的变化带来的政治环境的改变，这个具有潜在重要意义的改变，出现在私人领域与公共领域的关系之中——我把这个改变称之为公共领域的郊区化。”[③]西尔弗斯通在政治环境、社会发展、传播技术三者之间考察电视公共领域，视野宏阔，并将公共领域理论进行了改造，但其提出的“郊区化”概念是否适合中国国情，仍值得存疑和讨论。

（二）电视与公共领域关系的实证层面研究

胡明川的博士论文《电视公共领域中的意见表达：用实证方法批判研究〈面对面〉》，以《面对面》为个案，从公共性话题、记者提问、谈话对象回答、双方在子话题上的博弈、受众不在场对话等方面，研究电视公共领域的意见表达问题[④]，无疑抓住了公共领域的一个核心问题，即多元身份参与及多元对话。也有学者以凤凰卫视《一虎一席谈》为个案，探讨电视谈话节目与传媒公共领域构建问题，他们认为，《一虎一席谈》在议题设置上体现了公共性特征：其

① 格雷姆·伯顿：《媒体与社会：批判的视角》，史安斌译，北京：清华大学出版社，2007年，第100页。

② 汤普森：《意识形态与现代文化》，高铦、文涓、高戈等译，南京：译林出版社，2005年，第267-268页。

③ 罗杰·西尔弗斯通：《电视与日常生活》，陶庆梅译，南京：江苏人民出版社，2004年，第95页。

④ 胡明川：《电视公共领域中的意见表达：用实证方法批判研究〈面对面〉》，四川大学博士学位论文，2009年。

一，话题聚焦公共利益；其二，现场参与模式遵循平等原则；其三，在矛盾与冲突中寻求共识。从这些特征中，我们可以发现，电视具有构建传媒公共领域的可能与前景[①]。米莉以《康熙来了》为例，分析娱乐节目中的公共领域与私人领域的融合问题。米莉在注释中说，按照哈贝马斯关于公共领域的标准，《康熙来了》这样的娱乐节目建构的并不是真正的公共领域，但在她看来，如果按照这些标准，公共领域就是一个理想的乌托邦，从来没有出现过，因此，我们应当立足现实，赋予公共领域这一概念以现实意义[②]。

这些研究从实证层面论证了电视公共领域的事实性存在及其建设的路径问题，内容充分且富有成果，其中，米莉将公共领域赋予现实意义的做法值得肯定。然而，无论是《面对面》《一虎一席谈》，还是《康熙来了》，其参与者都是社会精英，无法代表广大的平民受众，而电视公共领域的一个首要特征是向受众"无限敞开"，因而其局限性也是显然的。

另外，国内也有学者对西方的公共电视做了实证探讨，这有利于拓展中国电视公共领域研究的视野。例如，李娜、何勇在探讨欧美公共广播电视的基础上，提出了推动我国电视公共性发展的路径与措施等[③]。

三、以真人秀为代表的电视综艺节目研究

国外对"真人秀"的研究侧重于政治经济学维度，取得了丰富的研究成果。例如，希尔的《流行真人秀：真实电视节目受众的定性与定量研究》从受众调查的社会学维度，讨论了真人秀电视节目的真实性、道德规范、娱乐与社会学习等问题[④]。A. Biressi、H. Nunn 的 *Reality TV: Realism and Revelation* 对真实电视的差异性、伦理、政治、真实表达和现实呈现等方面进行了研究[⑤]。S. Murray 的 *Reality TV: Remaking Television Culture* 从节目类型、电视产业、文化和权利、交互性等方面切入，探讨了真人秀与伦理、性别、技术、交互性之间的关系，认为真人秀不仅改变了电视原有的商业性和文化性研究视域，而且改变了电视研究的整体方向[⑥]。

---

① 李兢兢：《电视谈话节目与传媒公共领域构建：解析凤凰卫视〈一虎一席谈〉对电视谈话节目的突破》，《声屏世界》，2009 年第 12 期，第 146-147 页。

② 米莉：《媒体中公共领域与私人领域的融合：谈娱乐节目〈康熙来了〉》，《东南传播》，2005 年第 12 期，第 25 页。

③ 李娜：《欧美公共广播电视危机与变迁研究》，北京：中国传媒大学出版社，2008 年；何勇：《德国公共广播电视研究》，北京：中国传媒大学出版社，2010 年。

④ 希尔：《流行真人秀：真实电视节目受众的定性与定量研究》，赵彦华译，北京：中国国际广播出版社，2008 年。

⑤ Biressi A, Nunn H. Reality TV: Realism and Revelation. London: Wallflower Press, 2005.

⑥ Murray S. Reality TV: Remaking Television Culture. New York: New York University Press, 2009.

国内关于电视综艺节目的研究主要体现在以下四个方面。

其一，电视综艺节目资料的收集整理，如王兰柱的《中国电视收视年鉴》对历年全国综艺娱乐节目收视情况进行了整理分析；又如，《梦想中国：中国偶像》[①]《绝对唱响》[②]《相信梦想，相信奇迹》[③]等节目整理、记录了台前幕后的故事。

其二，节目的实证研究，如尹鸿等的《娱乐旋风：认识电视真人秀》，通过大量的电视真人秀案例，分析了真人秀兴起的原因，以及真人秀节目的形态、元素、类型，进而探讨真人秀节目在处理公共利益与商业利益、人文价值与娱乐价值、借鉴模仿与本土化之间的关系[④]；又如，谢耘耕、陈虹的《真人秀节目：理论、形态和创新》，实证研究了真人秀的叙事策略、节目类型、创新技法、商业营销等，并进行个案分析[⑤]；梅文慧、何春耕的《综艺大本营：〈快乐大本营〉娱乐模式》[⑥]及梅文慧的《快乐电视选秀：解码〈超级女声〉引发的选选秀现象》[⑦]也采用实证研究理路。

其三，从文化艺术的角度进行研究，如胡智锋的《电视审美文化论》提出了娱乐与文化相结合，建设有"味道"的娱乐节目[⑧]；高鑫的《电视艺术基础》提出电视综艺节目创新必须"电视化"的论题[⑨]；欧阳宏生等的《电视文化学》提出，综艺节目需要与弘扬主流文化和民族文化紧密结合，保持综艺节目的正确导向和特色内涵[⑩]。

其四，从社会学的角度进行探讨，如郑欣等的《平民偶像崇拜：电视选秀节目的传播社会学研究》梳理了电视选秀的生产过程和社会影响，探讨了娱乐民主、商业运作和娱乐伦理的问题，显示了作者将社会学的知识方法运用于电视综艺研究的长处[⑪]。这类以专著的形式，运用社会学方法进行研究的成果在国内还比较缺乏。

上述成果显示，在电视综艺节目的研究中，相对于国外的社会学研究，国

---

① CCTV《梦想中国》节目组：《梦想中国：中国偶像》，北京：中国轻工业出版社，2006年。

② 江苏卫视：《绝对唱响》，南昌：百花洲文艺出版社，2009年。

③ 东方卫视等：《相信梦想，相信奇迹：走近"中国达人"及〈中国达人秀〉幕后故事》，上海：上海文艺出版社，2010年。

④ 尹鸿、冉儒学、陆虹：《娱乐旋风：认识电视真人秀》，北京：广播电视出版社，2006年。

⑤ 谢耘耕、陈虹：《真人秀节目：理论、形态和创新》，上海：复旦大学出版社，2007年。

⑥ 梅文慧、何春耕：《综艺大本营：〈快乐大本营〉娱乐模式》，北京：中国传媒大学出版社，2007年。

⑦ 梅文慧：《快乐电视选秀：解码〈超级女声〉引发的选秀现象》，北京：团结出版社，2007年。

⑧ 胡智锋：《电视审美文化论》，北京：北京广播学院出版社，2004年。

⑨ 高鑫：《电视艺术基础》，北京：中国传媒大学出版社，2008年。

⑩ 欧阳宏生等：《电视文化学》，成都：四川大学出版社，2006年。

⑪ 郑欣、甘彩霞、温海玲等：《平民偶像崇拜：电视选秀节目的传播社会学研究》，北京：中国传媒大学出版社，2008年。

内以实证研究见长，取得了很大成绩，然而，缺乏从政治经济学的维度分析和评价中国电视综艺节目的发展状况，也缺乏从社会学的角度探讨它的发展之路，尤其是目前电视综艺节目的公共领域建设研究还相当薄弱。本书以公共领域为视角，借鉴国外社会学研究的长处，分析当代中国电视综艺节目的发展状况及趋势。

第二节 研究思路、目标与方法

本书首先从理论层面辨析公共领域理论，探求适合中国电视公共领域建设的理论养分；然后从参与者身份和参与形式、电视产业化与政府规制、节目话题的生产与交流等方面，实证分析《超级女声》《我们有1套》《中国达人秀》三种代表性文本，探讨当代中国电视综艺节目在建设公共领域方面的成绩和不足；最后回归理论层面，思索建设中国特色电视综艺节目公共领域的对策和措施。这是本书研究的总体思路。

本书研究目标如下。

首先，重新辨析西方文化视域内的公共领域理论及其维度。换句话说，公共领域理论在强调市民参与国家政治生活的政治学维度之外，是否还存在其他维度？这些维度是否具有普适性？在中国政治文化语境中，电视综艺节目可以吸纳公共领域的何种理论养分？

其次，本书从传播结构的改变与社会话语的生产关系入手，探究当代中国电视综艺节目建设公共领域的可能性问题。具体而言，我国政治、经济、文化体制改革为电视综艺节目的公共领域建设提供了何种空间？平民大众与传媒的关系发生了何种变化，这对平民参与公共讨论的影响何在？平民的日常生活世界为电视综艺节目的话题生成提供何种基础？这些都是关系到电视综艺节目能否建设公共领域的问题。

再次，当代电视综艺节目的发展状况如何？在建设公共领域方面取得了哪些成绩，还存在哪些问题？本书选取三个案例进行实证分析，即中央电视台选取央视综合频道的《我们有1套》（综合频道改版后的首个综艺节目），地方电视台选取湖南卫视《超级女声》（具有历史性开创意义）、东方卫视《中国达人秀》（首次严格践行国际节目版权模式）为例，以这三个典型案例透视当代中国电视综艺节目的发展状况。

最后，针对当代电视综艺节目的公共领域建设问题，本书从理论上探讨改进的对策和措施，尤其是厘清电视综艺节目在建设公共领域过程中应该把握的基本原则和关系。也就是说，如何正确认识理性与娱乐的关系？如何以人为本，均衡政治利益、商业利益、公共利益？如何正确把握信息技术、受众、节目主办方与建构公共话语场域的关系？

基于以上研究目标，本书拟采用如下研究方法：

一是文献资料整理法。文献资料是研究的基础，尽可能全面地搜集政府关于广电行业发展的政策、制度、规定，整理业界关于综艺节目制播方面的文献、收视率、网民意见等。

二是理论研究法。公共领域理论需要在中国政治文化语境下重新辨析，吸纳有益养分。另外，本书也从理论上探究建设中国电视综艺节目的公共领域理应把握的基本关系。

三是实证研究法。以《我们有1套》《超级女声》《中国达人秀》为主要节目个案兼及《星光大道》等其他节目，进行节目文本分析，探究受众参与的多元身份、参与形式、公共话题的交流与对话等，蠡测当代电视综艺节目在建设公共领域方面所取得的成绩及存在的问题。

第三节 研究框架

中国电视综艺节目经过不懈努力，取得了一些新突破和新经验，但也面临一些新问题。尤其在中国特殊的文化传播语境下，电视综艺节目时常纠结于政治利益、公共利益、商业利益之间，严重制约了它的发展。本书以真人秀为例，以公共领域为理论视角，旨在研究当代中国电视综艺节目在建设公共领域方面的尝试和探索。

本书研究的具体问题在于，电视综艺节目如何调动平民阶层的参与热情？如何发挥大众传媒的多种功能，推动社会范围内的对话和交流，维护公共利益？如何建设中国特色的“平民公共领域”，推动平民大众追求一种自由的、善的生活？本书吸纳了英国学者达尔格伦的电视公共领域“三棱镜”的研究理路，从参与者身份与参与形式、电视产业化与政府规制、节目话题的生产与交流等方面，探讨和回答了上述问题，具体分为五章展开论述。

第一章，从理论上探讨中国电视综艺节目的“平民公共领域”概念。

首先，分析当代中国电视综艺节目建设公共领域的可能性问题。本书从传播结构的改变与社会话语的生产之间的关系入手阐述三个问题：一是我国政治、经济、文化体制改革为电视综艺节目的公共领域建设提供了何种空间；二是草根阶层的崛起如何改变了平民大众与传媒的关系，进而为公共讨论提供了怎样的主体性身份；三是平民的日常生活世界如何为电视综艺节目的话题生成奠定现实基础。本书从这三个方面探析中国电视综艺节目建设“平民公共领域”的可能性。

其次，重新辨析西方文化视域内的公共领域理论及其维度。本书指出，公共领域理论在强调市民参与国家政治生活的政治学维度之外，还存在其他维度，例如，社会学的伦理道德维度。在中国政治文化语境中，电视综艺节目可以吸纳公共领域的伦理道德维度所蕴含的理论养分，建立道德共同体，推动平民大众追求一种自由的、善的生活。当下实践也已表明，追求自由的、善的生活应是中国电视综艺节目的落脚点。在此基础上，界定中国电视综艺节目的“平民公共领域”概念。

最后，本书就公共领域与公共性、私人性的关系进行辨析，比较三者的异同及其在本书中的运用情况。

第二章，以央视《我们有1套》第一季为例，采用实证研究方法，分析参与者身份、参与形式、话题交流方式等问题，揭示节目建构农民主体性的过程。

第一节探讨参与者的多元身份，分析节目建构农民身份的途径。第二节从议题设置方面阐述节目包容、激活受众议题，进而形成情感交流和共享的过程。第三节梳理受众参与公共领域对话的文化形式。第四节归纳节目在建设公共领域方面的问题与不足。例如，弱势群体的关注度有待提高；交流过程缺少差异性观点的生成；大故事叙述过多，多元化议题缺乏等。

第三章，以湖南卫视《超级女声》为例，阐述产业化与电视综艺节目的公共性之间的内在关系。

首先，探究政府规制、产业化对《超级女声》的双重影响。其次，在产业化背景下，论述《超级女声》的各种“支援”行为及“私密性”形式对公共领域建设的影响。最后，总结节目在建设公共领域方面的问题：政府规制中的政治利益与公共利益模糊、节目过于商业化、私密性的自恋人格等，这些都不利于《超级女声》的公共领域建设。

第四章，以东方卫视《中国达人秀》为例，从日常生活经验出发，阐述电视综艺节目的议题生成机制。

首先，分析《中国达人秀》的节目议题及其类别，并将两季节目的议题进行比较，揭示节目在建设公共领域方面的进步和努力。其次，探讨《中国达人秀》节目话题生成的方式。一方面是关于赛场内评委、观众、主持人的互动及话题激发的过程；另一方面是赛场外网民讨论话题的过程。由此将节目话题与受众话题进行比较，提出话题讨论的场域问题。最后，重点分析《中国达人秀》在建设公共领域方面的问题，具体体现为：缺乏理想的话语交流情境；公共话题相对单一；节目组的商业意识过浓，缺乏建构交流场域的意识。

第五章，从理论上思考建设中国特色电视公共领域需要注意的一些关系及措施。

笔者认为，当下电视综艺节目建设具有中国特色的公共领域，关键要把握好三组关系：正确看待理性与娱乐的关系，提倡娱乐理性；以人为本，均衡政治利益、公共利益、商业利益的关系，将制度建设与人文价值建构作为电视综艺节目承担社会责任的保证；正确处理科技、受众、节目组与话语场域建构的关系，积极拓展参与渠道，加强受众的媒介素养教育，建构全方位的公共话语交流场域。

本书的结论是，建设具有中国特色的“平民公共领域”是中国电视综艺节目发展的一个“面相”，也是当下电视综艺节目健康发展的一个可供选择的方案。换言之，平民大众通过参与电视综艺节目的方式，激活其日常生活经验，形成公共话题，并在理想的话语情境中讨论这些话题，进而在一定共识的基础上建立道德共同体，推动平民大众追求一种自由的、善的生活。

第一章 电视综艺节目的“平民公共领域”概念

20 世纪 80 年代以降，以哈贝马斯为代表的公共领域理论引起了中国学术界的注意并付诸传媒研究。对于传媒公共领域的概念，有人肯定，有人否定，也有人对公共领域理论进行改造，以适用于传媒的发展实际。可以说，国内传媒公共领域的研究呈现出纷繁复杂的局面。本章将在这些既有成果基础上重新审视传媒与公共领域的关系，同时立足于中国传播语境，蠡测中国电视综艺节目建设公共领域的可能性，进而探究中国电视综艺节目的“公共领域”概念及其意涵。

第一节 当代电视综艺节目建设平民公共领域的可行性

探讨当代中国电视综艺节目建设平民公共领域的可行性问题，必须基于这样的事实，就是政治、经济、文化为电视综艺节目的发展提供何种空间？电视媒介本身发生了何种转型？与电视媒介密切相关的受众发生了何种结构性变化？从某种意义上说，社会、媒介、受众三个方面决定了电视媒介建设公共领域的可能性。当然，电视综艺节目能否建设公共领域，还必须回归到公共领域的理论本身，揭示其被遮蔽或忽视的内容，寻求它与电视综艺节目的内在联系。

一、中国政治、经济、文化体制改革的机遇

进入 21 世纪，电视媒介的功能发生了变化，一方面作为党和政府的“喉舌”的功能继续存在；另一方面又突出了一些新的功能。换言之，传媒结构发生了改变，传播资本和传播能力也发生了变化，其中之一即是社会话语的生产[①]。传媒结构的变化是中国政治、经济、文化体制改革推动广电体制改革的一个结果。

刘成付认为，“我国广电体制形成和演变有两大主要推动力量，其一是政

---

① 姚君喜：《传播结构与社会话语生产》，《当代传播》，2009 年第 6 期，第 7 页。

治力量，其二是经济力量。粗略地划分，以20世纪80年代末90年代初为界，在此之前广电业的调整变革主要是政治力量的推动，在此之后的变革主要受到经济力量的推动。”[①]就体制层面而言，政治、经济、文化体制改革为传媒发挥舆论监督功能提供了条件。例如，1988年2月，中共中央办公厅转发的《新闻改革座谈会纪要》提出，要“提高开放程度，增大信息量”“组织好社会协商对话的报道”“正确开展批评，发挥舆论监督作用”[②]。1999年1月，全国广播影视厅局长会议在北京召开，会议突出强调了广电事业建设要以“全国村村通广播电视”为重点，努力达到2000年基本完成“村村通”的目标，这在客观上为大众接受信息提供了物质基础。2001年8月，中共中央宣传部、国家广播电影电视总局（简称国家广电总局）、国家新闻出版总署下发了《关于深化新闻出版广播影视业改革的若干意见》，这个文件标志着面对内外挑战，我国传媒业深化改革的全面启动。[③]这场改革为受众实现媒介接近权奠定了经济基础，为受众参与电视节目提供了更多的机会和方式。

当下，传媒的舆论监督功能在体制内被提到了一个新的高度。温家宝在2010年8月27日召开的全国依法行政工作会议上强调：“要更加重视人民群众和社会舆论监督。要依法保障人民群众直接监督政府的权利。支持新闻媒体对违法或者不当行政行为进行曝光。”[④]2010年8月10日柳斌杰在接受新华社记者采访时表示，舆论监督是社会文明进步不可缺少的力量，一定要维护记者合法采访的权益，否则，社会正义就无法维护[⑤]。可以说，政治经济体制改革为传媒的发展提供了发展空间，为维护公共利益提供了制度保障。

另外，文化体制改革也为电视公共领域的建设提供了文化环境。2002年胡锦涛视察人民日报社时提出，新闻改革要“贴近生活、贴近群众、贴近实际”。这“三贴近”原则标志着中国传媒功能的重心发生了变化，这为拓展受众参与渠道、实现受众媒介接近权、倾听平民大众的声音提供了制度保障。同时，国家对公共文化建设的重视，也为平民电视公共领域提供了建设发展的环境。胡锦涛在中共中央政治局2010年7月23日的集体学习中，就深化我国文化体制改革问题提出了三条要求，第二条即是“要加快构建公共文化服务体系，按照体现公益性、基本性、均等性、便利性的要求，坚持政府主

① 刘成付：《中国广电传媒体制创新》，广州：南方日报出版社，2007年，第15页。

② 中共中央宣传部：《十一届三中全会以来党的宣传工作文献选编》，北京：中共中央党校出版社，1989年，第391-394页。

③ 卢迎安：《当代中国电视媒介的公共性研究（1978—2008）》，复旦大学博士学位论文，2009年，第54页。

④ 冯悦：《温家宝：贯彻依法治国基本方略加快建设法治政府》，中国广播网，http://www.cnr.cn/china/ gdgg/201008/t20100827_506962729.html。

⑤ 张中江：《新闻出版总署署长：坚决制止侵害记者合法权益行为》，中国新闻网，http://www.chinanews.com/cul/2010/08-11/2461864.shtml。

导，加大投入力度，推进重点文化惠民工程，加强公共文化基础设施建设，促进基本公共文化服务均等化”[①]。文化体制改革涵括了电视在内的传媒体制改革，这是由政府主导的传媒功能的转型，也表明中国电视媒介与西方的公共性存在重要差异，即党、政府和人民群众利益的根本一致性，这有助于电视公共领域的建设，有利于减轻商业逻辑干扰的程度，从制度上保障人民群众基本的文化权益。

此外，中国媒介由第一阶段的事业型单位、企业化管理的混合型体制到第二阶段的“采编与经营剥离”的分体运营机制，再到第三阶段以文化为背景的传媒集团化的体制改革[②]，都为电视公共领域的建设争得了一定的空间，尤其是第三阶段的传媒集团化为公共领域建设奠定了技术和设备等技术、物质基础。

总之，政治、经济、文化的体制改革，为电视综艺节目建设平民公共领域奠定了物质、技术基础。更重要的是，政治意识形态由全方位掌控到一定程度上转变为隐蔽的意识形态渗透，较之以往，电视媒介的生存空间客观上被拓展了，电视综艺节目的发展具有了一定的自由度。

二、“草根”的崛起改变了人与传媒的关系

不可否认，精英人士是电视公共领域建设的一支重要力量[③]，而“草根”阶层及其平民大众的崛起，则自下而上地影响了电视媒介的公共领域建设。

“草根”源于外来词汇 grassroots，意为“基层群众”。就社会层面而言，一方面政府放权、授权；另一方面个人意识的觉醒，尤其是改革开放以来形成了利益诉求的多样化和利益主体的多元化，草根阶层表达利益诉求和参与政治的愿望更加强烈，不断推动中国公民社会的发展[④]。2008 年 6 月 20 日，胡锦涛通过人民网“强国论坛”工作平台，采用视频直播方式同广大网民在线交流，“草根民意”初步得到官方认可，网民也初步实现了对公共事件的意见表达和政治参与。而草根阶层如何颠覆传统的人与传媒关系，其参与以何种方式进行，这是电视综艺节目建设平民公共领域的首要问题。

---

① 张威：《胡锦涛推动社会主义文化大发展大繁荣》，新华网，http://news.xinhuanet.com/2010-07/23/c_12367399_3.htm。

② 杨步国：《传媒体制创新研究》，武汉：湖北人民出版社，2006 年。

③ 陈平原说：“我的感慨是，中国的传媒‘缺钙’，重要的一点就是没有强大的专家背景支持。”陈平原从精英话语权的角度讨论知识分子在现代传媒环境中的作用，其中之一即是对大众的教育与启蒙。不过，笔者认为，现代传媒“缺钙”还有一个重要原因，即是知识分子与平民大众的距离与隔阂。如何发挥大众参与的积极性，拓宽大众参与的渠道，反映弱势群体的声音，对于中国传媒的全面“补养”具有举足轻重的作用，这不仅有利于知识分子补充自身的“营养”，同时也符合媒介转型的趋势。参见李良荣：《为中国传媒业把脉：知名学者访谈录》，上海：复旦大学出版社，2006 年，第 28-29 页。

④ 高丙中、袁瑞军：《中国公民社会发展蓝皮书》，北京：北京大学出版社，2008 年。

对于电视而言，一方面，它发展了很多面向草根阶层的节目类型，如各类真人秀节目；另一方面，平民崇拜也促使电视媒介的大众化、草根化、娱乐化[①]，甚至很多电视节目出现了“草根运作与专业描述的融合”[②]，如果说这是电视俯就大众，不如说这是大众力量与传媒力量的汇合乃至一定程度的“合谋”。草根的民间文化、民间智慧、民间资源为电视发展提供了文化资源，电视也为民间文化提供了展现的平台，为草根阶层的自我表达提供了空间。可以说，草根文化突破了传统，形成了一种新的人与媒介的关系形式。

中国传统的人与媒介的关系形式初步形成于革命时期。1942 年 2 月初，毛泽东在延安先后做了《整顿党的作风》《反对党八股》的重要报告，揭开了整风运动的序幕。中共中央宣传部根据党的整风精神，发出了《为改造党报的通知》，这是党报改革的纲领性文件。《为改造党报的通知》阐明了一系列极其重要的党报理论，其中包括“全党办报”，党报的内容版面及主要任务，大力加强党报编辑部的工作，党报的战斗性、通俗化，等等。[③]无产阶级党报理论非常强调传媒的“人民公仆”意识，发展工农通讯员队伍，媒介的群众基础非常广泛。革命时期与当代在对待群众的态度上具有相似性，都重视群众的媒介参与，但两者的差别也是显而易见的。具体说来，前者的人与媒介关系主要以人的主体性丧失为代价，以消极的个体形式参与传媒活动；后者则以人的主体间性关系积极参与传媒活动，在一定程度上获得了作为独立个体的主体性，这为当代传媒建设公共领域准备了“人”的条件。另外，当下草根阶层的参与又在很大程度上影响了传媒的生产和播出形式，可以说大众传媒与“人”达到了双向互动的状态，形成“人”与媒体的主体间性关系，进而一定程度上游离于政治意识形态之外。传媒与“人”的双向交互关系不仅在本质上区别于革命时期的单向关系，而且为当代电视媒介建设公共领域奠定了重要基础。

厘清了传统的“人”与媒介的关系形式及其与当下的异同之后，再来讨论另一个问题：当代“人”与媒介的新型关系中，受众是以何种形式参与电视节目讨论的？受众之间又形成了何种关系，是个体、集体还是社群团体的形式？

张锦华在探讨哈贝马斯的公共领域时提出多文化主义理论，这具有重要的启示意义。在他看来，公共领域的“自由、公开、理性”，并未真正付诸实践，

---

① 郑欣说：“选秀节目从海选开始就借助了电视、报刊等传统媒体进行宣传造势，而网络的介入则充分体现了这一场声势浩大的草根娱乐盛事的全民参与性质。”郑欣的描述较为全面，讨论了电视与新媒体共同推动草根文化的发展，草根文化又影响电视媒介变革的互动过程。参见郑欣、甘彩霞、温海玲等：《平民偶像崇拜：电视选秀节目的传播社会学研究》，北京：中国传媒大学出版社，2007 年，第 203 页。

② 张静：《探求草根运作与专业描述的融合》，载《新闻实践》，2008 年第 8 期，第 46 页。

③ 许正林：《中国新闻史》，上海：上海交通大学出版社，2008 年，第 306 页。吴廷俊认为：“在这次整风中确立的党报理论一直指导着中国共产党的新闻工作。”吴廷俊：《中国新闻史新修》，上海：复旦大学出版社，2008 年，第 340 页。

权力的轨迹贯穿在各种所谓的“公共领域”中，他因而修正了哈贝马斯的公共领域概念。他提出，公共领域观念的重心在于允许呈现反抗主体霸权的观点，也就是汤普森所言的借助报道使事件的能见度大幅度提高，将代表者的意见曝光。同时，他也批判了自由主义的自由平等观。他认为，自由主义虽然强调尊重不同的多元团体，但是缺乏权力冲突的观点，忽略了社会弱势团体与主流优势团体的差异与权力的结构压迫，使得所谓的“自由、公开、理性”的原则难以实践。在以上修正和批判的基础上，张锦华引入多文化主义，强调要重视社群或族群权力的差异，也就是说，媒体实现多元对话的原则在于“容纳”不同意见者，更开放地呈现反对或挑战权威的意见，免除排他性的霸权心态，尊重并凸显不同社群的立场。[①]张锦华认识到，个人作为主体通过社群参与公共领域，尤其是弱势群体通过社群获得自我身份的认同，进而推动媒体关注他们的利益诉求和呼声，这既避免了推崇自由主义的极端做法，也弥补了个人与公共领域之间的裂痕。张锦华的探讨对于建设中国特色的公共领域具有重要启示意义。

社群主义主要强调共同的身份归属感，既承认个体的主体性尊严，又强调人的社会性存在，其关键之处在于人与社会的关系。在中国的社会结构下，是否存在政治学意义上的社群主义不是我们所要探讨的问题，但可以从社群的构成上将其分为三种“构成性社群”：其一，地区性社群，即以地理位置为基础的社群；其二，记忆性社群，即共有一个具有深刻道德意义的、历史的、不相识的人的社群；其三，心理性社群，即为信任、合作与利他主义意识所支配的、面对面的、有人际交往的社群[②]。例如，《星光大道》设置了一个“家乡美”的环节，通过才艺展示，选手既是作为一个个体进行表演，同时又作为一种地方文化符号代表着“家乡”；对于受众而言，地理位置造成的文化差异可以生成各种社会话题，激发讨论的兴趣。在综艺节目中，个体参与的背后常常已获得家庭成员、亲朋好友、家乡父老、粉丝社团的支持，形成了记忆性社群和心理性社群。

记忆性社群和心理性社群的形成与中国的特殊国情有关。中国传统文化非常重视宗族、血缘、朋友等初级关系对于形成人际关系的重要作用，因此，宗族、血缘、朋友等初级关系就成为草根阶层参与电视公共领域建设的一个重要形式，也是调动草根阶层积极参与公共对话和交流的重要力量源泉[③]。可以说，

① 张锦华：《公共领域、多文化主义与传播研究》，台北：正中书局，1997 年，第 41-47 页。

② 贝尔：《社群主义及其批评者》，李琨译，北京：生活·读书·新知三联书店，2002 年，第 19 页。

③ 李友梅等人认为，草根行动更多是依靠日常生活中的源于宗族、血缘的初级关系和小规模的草根组织发挥草根力量的。参见李友梅、肖瑛、黄晓春：《社会的生产：1978 年以来的中国社会变迁》，上海：上海人民出版社，2008 年，第 145 页。

中国传统文化在现代性的碰撞之下以新的形式建构电视综艺节目的中国特色，更重要的是，通过这些初级形式，“人”与媒体的主体间性关系得以形成。这不仅打通了受众的个体性与公共领域的群体性之间的关系，而且为弱势群体参与公共领域提供了可能性途径。这一点将在本书第二、三、四章详述。

当然，“草根阶层”的崛起也带来了一些困惑。例如，平民百姓在参与过程中出现某些情绪化、非理性现象，甚至造成损害社会公共利益的事件；同时，电视娱乐节目为了迎合“草根阶层”，出现诸多“三俗”问题；此外，“草根阶层”之中也形成了一些“选秀专业户”，从而加重了电视综艺节目的同质化程度。我们在建设电视综艺节目的平民公共领域过程中需要注意和消除这些消极现象。

三、生活世界是电视综艺节目建设平民公共领域的现实基础

从公共性（主要体现为主体性）过渡到主体间性，从意识哲学上升为交往理性，在这种范式转换的过程中，哈贝马斯提出了“生活世界”的范畴①，将其公共领域理论转向对话交往行为的分析和对生活世界的建构。在哈贝马斯看来，生活世界的要素，诸如文化、社会及个性结构等，构成了相互联系的、复杂的意义语境，通过日常语言这个共同的符码，它们相继履行了不同的功能，但都和生活世界的总体性之间保持着联系。换言之，日常交往实践实现了语言知识和生活世界的整合，“生活世界不是什么个体成员组成的组织，也不是个体成员组成的集体，相反，生活世界是日常交往实践的核心，它是由扎根在日常交往实践中的文化再生产、社会整合以及社会化相互作用的产物”②。哈贝马斯突出了日常生活世界的交往行为在建设公共领域过程中的重要作用。当代中国电视综艺节目展现的是平民大众的日常生活世界，整合了社会、文化及个性结构，在这一整合过程中，言语者与他者在社会、文化、个性结构三个方面形成某种观点、态度、认识，进而激起日常生活世界中的各种议题。下面将从两个方面考察电视综艺节目的受众参与、交往行为与话题生成的关系，分析生活世界与电视综艺节目建设平民公共领域之间的联系。

其一，电视的日常生活化为平民受众参与、激发公共话题提供了可能。日常生活具有强大的文化力量，正如有的学者所言，“日常生活世界的语境包括家庭、技术和邻里关系的日常经验，以及公共和个人神话和仪式的日常经验，这些经验界定了我们文化经验的基本模式。”③同时，日常生活经验也在不断

① 李佃来：《公共领域与生活世界：哈贝马斯市民社会理论研究》，北京：人民出版社，2006年，第195页；《后形而上学思想》第82页。
② 哈贝马斯：《后形而上学思想》，曹卫东、付德根译，南京：译林出版社，2001年，第75-86页。
③ 迪金森，哈里德拉纳斯，林耐：《受众研究读本》，单波译，北京：华夏出版社，2006年，第263页。

改写电视文本与受众之间的关系，当代电视受众地位的变化就说明了这一点。受众地位的提升，不仅能吸引观众积极参与，而且最大程度上促使节目在编播过程中广泛吸纳和融入观众的日常生活经验。

事实上，很多电视综艺节目倘若没有观众的积极参与及其日常生活经验的重新书写，作为一种文本便很难独立完成。按照麦克卢汉的说法，电视是一种冷媒介，信息的清晰度低，这决定了电视需要观众的高度参与，对于电视综艺节目而言，更是如此。观众在参与电视节目的过程中，将自身的日常生活经验融入电视的诸多环节，电视综艺节目的文本才最终形成。例如，《中国达人秀》在评委设置方面已经注意到这一点。两男一女的评委搭配中，女性评委负责挖掘选手背后的故事。故事讲述也是电视交谈的方式[①]，选手以这一方式讲述日常生活经验，从而形成节目议题。

同时，日常生活经验借助节目的公共空间协调文化、社会及个性结构等，进而发生不同程度的沉积和变形，继续作用于其他电视观众，这个动态过程如哈贝马斯所描述的，“生活世界的各个部分，如文化模式、合法制度以及个性结构等，是贯穿在交往行为当中的理解过程，协调行为过程以及社会化过程的浓缩和积淀。生活世界当中潜在的资源有一部分进入了交往行为，使得人们熟悉语境，它们构成了交往实践知识的主干。经过分析，这些知识逐渐凝聚下来，成为传统的解释模式；在社会群体的互动网络中，它们则凝固成为价值和规范；经过社会化过程，它们则成为立场、资质、感觉方式以及认同”[②]。积淀和变形了的日常化经验以这种累积循环的方式作用于电视受众，形成认同、反对、批评、赞扬等多声部状况，激发公共话题的不断生成，这是一个动态往复的过程。

诚如麦克卢汉所言，电视“不适合烫手的问题和清晰度高的、有争议的主题”[③]，电视综艺节目也是如此。不过，电视综艺节目中的交谈、表演等行为与日常生活经验相融合，经过积淀、变形，进而反作用于受众，与此同时，受众也会对日常生活经验发表看法，最终形成公共话语，乃至媒介“事件”。可以说，电视综艺节目以娱乐为主要内容，但娱乐与公共领域并不矛盾，甚至有助于公共领域发挥应有的作用，正如赫尔曼所言，“娱乐节目也能提出严肃的大众问题，也能鼓励人们去思考，去争论。而公共领域的节目也可能仅仅是宣传或乏味得令人生厌或刻意避免得罪人而难以达到为大众服务的目的”[④]。

---

① 阿伯克龙比认为，电视特色常常就是与观众交谈的特色，大量节目都采用“直接说”的形式，特别是电视中运用口头化语言加强了这种直接交谈的感觉。我们认为，电视综艺节目中，评委与选手的大量交流、选手的故事讲述强化了电视交谈的特色。参见尼古拉斯·阿伯克龙比：《电视与社会》，张水喜、鲍贵、陈光明译，南京：南京大学出版社，2007 年，第 20 页。

② 哈贝马斯：《后形而上学思想》，曹卫东、付德根译，南京：译林出版社，2001 年，第 82 页。

③ 麦克卢汉：《理解媒介：论人的延伸》，何道宽译，北京：商务印书馆，2000 年，第 381 页。

④ 赫尔曼、麦克切斯尼：《全球媒体：全球资本主义的新传教士》，甄春亮、李静、王彦等译，天津：天津人民出版社，2001 年，第 5 页。

其二，日常生活世界的理性问题，这是电视综艺节目建设平民公共领域的核心和关键。哈贝马斯在其公共领域理论中强调交往理性，这是一种精英主义的公共领域理论，其生活世界理论也是基于精英主义建构的。然而，1990 年他在其著作的序言中做了部分修正，他说：“将文化和政治方面业已动员起来的下层阶级排挤在外，这本身即已表明，公共领域一开始就是多元的。在居统治地位的公共领域之外，还有一种平民公共领域，和它唇齿相依。”[①]电视综艺节目是以平民大众的参与为基础的，其能否建构“平民公共领域”，关键在于其能否形成理性精神，换言之，电视综艺节目所展现的日常生活世界，其中的“理性”是严肃理性还是娱乐的非严肃理性？倘若是后者，“平民公共领域”中的理性交流是否能够以新的方式存在？一般而言，在严肃理性那里，日常生活世界是作为一个无法被“精神”和“理性”所统摄的混乱和低俗之所在，日常化生活被排斥于“理性”之外，这实为一种误解。我们认为，对于电视综艺节目这一特殊的娱乐形态，需要打破传统的狭隘思维，直面事实，重新反思日常生活及其娱乐中的理性问题。本书提出，理性的呈现方式是多元和多层次的，有精英话语的理性与平民大众的理性，也有严肃形式的理性和非严肃形式的理性，它们之间不是一种先验的简约关系，而是相互交错、重叠于一体的。理性的多元性与多层次性为日常生活世界形成理性提供了可能性。我们将在第五章讨论电视综艺节目中的理性问题。

电视的日常生活化为受众参与电视综艺节目提供了动力源泉，也为节目话题的形成提供了现实基础，其中，娱乐理性同样可以为受众提供有关日常生活经验的认同、共享、反思的可能，也就是说，电视综艺节目具有生成公共话题的能力。

四、“公共领域”理论具有多维度和包容性

首先我们要达成这一共识，即公共领域是有多种维度的。哈贝马斯在《公共领域的结构转型》一书中，区分了古代公共领域、代表型公共领域、资产阶级公共领域和晚期资本主义公共领域、平民公共领域与精英公共领域，甚至还包括了当代学者讨论的男性公共领域与女性公共领域等。公共领域是否具有普适性有待进一步探究，但也不能因此而否认公共领域在不同时期、不同地点以不同形式加以构形的可能性。

哈贝马斯在 1998 年回溯公共领域概念时说：“资产阶级公共领域是一种特殊的历史形态，它尽管与其在意大利文艺复兴时期城市中的前身具有某种相似

① 哈贝马斯：《公共领域的结构转型》，曹卫东、王晓珏、刘北城等译，上海：学林出版社，1999 年，第 6 页。

之处，但它最先是在十七八世纪的英格兰和法国出现的，随后与现代民族国家一起传遍19世纪的欧洲和美国，其突出的特征是在阅读日报或周报、月刊评论的私人当中，形成一个松散但开放和弹性的交往网络。他们通过私人社团和学术协会、阅读小组、共济会、宗教社团这种机构的核心，自发聚集在一起。剧院、博物馆、音乐厅，以及咖啡馆、茶室、沙龙等对娱乐和对话提供了一种公共空间。这些早期的公共领域逐渐沿着社会的维度延伸，并且在话题方面也越来越无所不包：聚焦点由艺术和文学转到了政治。"[①]从公共领域的发展历史来看，公共领域并非仅有政治话题，其中还包含了娱乐、艺术、文学等社会话题。韦斯特拉滕也这样认为，"是哈贝马斯将公共领域概念化并将其指向政治维度"[②]。这就意味着公共领域随着时间和地点的不同，其结构形态、主要内容、表现形式也有不同的变化，我们应该充分认识到公共领域作为一种理论的普适性与特殊性之间的关系。

当然，我们在探究当代中国电视综艺节目的过程中，尤其要重视其中的复杂性，要把握公共领域的存在与应然的二元关系。史蒂文森说："我们必须把呼吁规范（完美的）公共领域与相信规范已经事实存在明确区分开来，或者毋宁说，与相信现代社会中存在的公共领域的有效作用区分开来。"[③]同样，我们探讨电视综艺节目的公共领域建设问题，并非说公共领域作为一种规范存在，且已经发挥了它的有效性，而是从理想状态看待电视综艺节目的发展及其社会功能的发挥问题，公共领域仅是一个可供选择的方案而已。在政治体制内，中国建成具有完备功能的、规范的公共领域还有待其他机制的配合，在这条道路上还存在很多困难，但这并不妨碍我们对公共领域建设问题的探讨，并不能否认公共领域对于发展中国电视事业的理论价值。

综上所述，就社会而言，政治、经济、文化体制改革为电视综艺节目的建设提供了发展空间；就受众而言，草根阶层的崛起重塑了受众与媒介的关系，同时，平民的日常生活世界为电视综艺节目提供了话题生成、交流的现实基础；就公共领域理论本身而言，具有多种维度，其理论张力为电视综艺节目的发展提供了理论关照。就这些方面而言，电视综艺节目具有建设平民公共领域的可行性。

第二节 中国电视综艺节目的"平民公共领域"概念

当代中国电视综艺节目的"平民公共领域"的内涵是什么？它与一般的"传

① 哈贝马斯：《关于公共领域问题的答问》，《社会学研究》，1999年第3期，第35页。

② Verstraeten H. The media and the transformaiton of the public sphere. European Journal of Communication, 1996, (11): 349.

③ 史蒂文森：《文化与公民身份》，陈志杰译，长春：吉林出版集团有限责任公司，2007年，第62页。

媒公共领域”概念的区别和联系何在？与中国传统文化、传播语境有着怎样的联系？本节将从传媒与公共领域的关系、中国语境下“传媒公共领域”的存在形式、当代中国电视综艺节目的“平民公共领域”的内涵等方面阐述这些问题。

一、传媒与公共领域的关系

公共领域作为一种社会文化理论，其内容丰富而复杂，国内外对它的争论从未停止过，作为本书阐述的理论视点，有必要阐述“公共领域”概念的一般内涵，以便在中国传播语境下吸纳其中的有益养分。

黄月琴指出，就传媒视域而言，“公共领域”的探讨需要将阿伦特、哈贝马斯、泰勒三者的论述联系起来，以利于消除学界关于传媒与公共领域关系的“泡沫”和误区①。这一论断从谱系学的角度指出了研究传媒公共领域概念的方法，具有启示意义，但遗憾的是，黄月琴并没有在公共领域理论的历史与现实层面进一步追问传媒与公共领域的具体关系。

阿伦特在《人的条件》一书中以人的存在为视角，建构了私人领域、社会领域、公共领域的三分法作为基础的公共领域理论，如果说她是以三分理论取代以国家与社会二分为基础的市民社会理论范式②，不如说阿伦特建立的是以“人”的存在为前提的公共领域理论。阿伦特将“人”作为公共领域的理论核心，意味着“谁”的问题是建构公共领域理论的一个落脚点，正如克里斯蒂瓦所言，“阿伦特没有抛弃‘谁’的过度所显示出的存在，相反她将这种超验性安置在对别人的行为和语言上”，“谁”只在“行动”中被揭示，在其中“谁被赋予了意义”③。“人”作为一种存在与他者之间的关系被安置于人与人之间的行为和语言上，进而建构了“谁”。她的理论为哈贝马斯的“交往行为”理论开辟了道路，就此而言，哈贝马斯与阿伦特的公共领域理论具有继承性，哈贝马斯的公共领域理论本质上也是关于“谁”的问题，只不过哈贝马斯将目光投向了市民社会及其日常生活，探讨的是“谁”也就是“人”的问题。“人”是多维的，然而，在女权主义者看来，哈贝马斯的公共领域理论却呈现了男权主义特征，因而遭到了女权主义的批判。

在考察“人”的过程中，哈贝马斯不满意韦伯的工具理性理论，从而提出了“人”的交往行为理论。“理性中确实存在着追求目的的战略性功能，但这

---

① 黄月琴：《公共领域的观念嬗变与大众传媒的公共性：评阿伦特、哈贝马斯与泰勒的公共领域思想》，《新闻与传播评论》，2008 年，第 111 页。作者在文中强调：“阿伦特、哈贝马斯和泰勒的公共领域观是一个思想谱系，不对他们作全面的了解和研究，就谈不上对公共领域理论的完整理解。而且，阿伦特和泰勒的公共领域思想同样蕴含着深刻的传媒研究价值。”

② 杨仁忠：《阿伦特公共领域理论范式的学术建构及其政治哲学意义》，《河南社会科学》，2009 年第 1 期，第 33 页。

③ 克里斯蒂瓦：《汉娜•阿伦特》，刘成富、陈寒、臧小佳等译，南京：江苏教育出版社，2006 年，第 170-171 页。

是我们社会运营当中不可缺少的有用之物。只有当这种功能扩张并离开本位、越境（‘殖民化’——哈贝马斯语）来到应由理性的另一种形式统治的生活世界时，人们才开始与工具理性发生纠葛。哈贝马斯的社会理论追求的正是这另一种形式的理性，即对话的——交往的理性。”①交往行为理论的落脚点是人与“普遍化的他者”②之间相互承认的关系，即主体间性的关系。在大众文化时代，大众媒介成为人的主体间性关系的一个重要中介，“普遍化的他者”借此得到相互承认，可以说，大众媒介对建构公共领域具有重要的影响，这使得哈贝马斯改变了过去对大众传媒的消极看法。

哈贝马斯曾在 1990 年《公共领域的结构转型》新版序言中说，“话语参与者和持反对态度的他者之间不存在共同语言。我们可以通过这一方式来理解传统的代表型公共领域与处于反对地位的大众文化之间的关系：大众不得不在他者空间中行动，并表达自身”。哈贝马斯承认大众文化的作用，肯定大众传媒的影响，关注电视的积极作用。他说：“对公共领域结构转型来说，传媒研究，尤其是对电视的社会效果所做的交往社会学研究，同样十分重要。”不过，哈贝马斯的修正是审慎而小心的。他认为，“大众传媒影响了公共领域的结构，同时又统领了公共领域。于是，公共领域发展成为一个失去了权力的竞技场，其意旨在于通过各种讨论主题和文集既赢得影响，也以尽可能隐秘的策略性意图控制各种交往渠道”③。哈贝马斯对大众传媒的肯定和担忧表明，大众传媒应该紧紧围绕“人”，为“人”的讨论提供公共平台，同时消除意图控制各种交往渠道的隐秘性策略，传媒公共领域的建构是可能的。尽管这样的做法似乎有些理想化，但大众传媒也只有在不断完善的理想中才能获得持续发展的动力和源泉。可以说，公共领域与大众传媒的关系可以转化为“人”的问题，“人”如何存在？“人”在公共领域当中如何行动？哈贝马斯在“人”的维度上又超越了对大众传媒的考察，扩大到更加宏阔的社会政治层面，也就是思考“人”与资本主义民主的关系，资本主义的商业逻辑与消费主义对“人”的影响。由此，哈贝马斯将公共领域描述为两个层面的功能：第一种功能是交往过程中的批判功能，交往过程中的特征是自我调控、由弱势机制承载、在水平方向也延展开来，具有一定的包容性，或多或少具备话语的形式；第二种功能是组织对消费者、选民和当事人的决定的影响，这些组织会干预大众传媒的公共领域，来激发购买力、忠实感和福利行为④。显然，哈贝马斯在政治层面上考量了大

---

① 中冈成文：《哈贝马斯：交往行为》，王屏译，石家庄：河北教育出版社，2001 年，第 10 页。

② 这里借用《文化与公民身份》一书中的概念。主体间性不仅关涉公民身份，而且意指公民身份的相互承认。史蒂文森：《文化与公民身份》，陈志杰译，长春：吉林出版集团有限责任公司，2007 年，第 61 页。

③ 哈贝马斯：《公共领域的结构转型》，曹卫东、王晓珏、刘北城等译，上海：学林出版社，1999 年，第 15 页。

④ 哈贝马斯：《公共领域的结构转型》，曹卫东、王晓珏、刘北城等译，上海：学林出版社，1999 年，第 15-16 页。

众媒介对公共领域的影响，提醒我们要避免公共领域的“重新封建化”。因此，在建设传媒公共领域的道路上还存在很多困难。

对于中国传播语境而言，规范的传媒公共领域是否能够真正建成，最终取决于政治体制改革提供给媒介何种发展空间，以及商业化逻辑在何种程度上入侵和统领公共领域。然而，在体制之内，中国的大众传媒只在一定的政策空间内具有建设公共领域的余地，例如，哈贝马斯所说的公共领域的第一种功能——人与人之间的交往、协调，并形成一定的话语形式。换句话说，中国的公共领域是否能够在纵向的维度上获得一定的独立地位，有待于政治体制改革的最终完成，但在人与人之间的交往、包容之中横向延展是可能的。

由上观之，传媒公共领域的核心在于“人”，以人为本，拓展人与人的交往空间和途径，在相互认同、包容他者的基础上达成共识，形成一定的舆论话语。阿伦特和哈贝马斯关于“人”的问题的论述对于中国传媒公共领域的建设具有重要的启示意义。

二、中国语境下“传媒公共领域”的存在形式

首先，对于中国是否存在公共领域，或者建立公共领域的可能性问题，国内外研究出现了很大争论。以海外研究为例，罗威廉、兰金等人倾向于采取较宽泛的用法肯定这一概念，认为明清以来政府权力架构之外出现了非官方公众组织和活动；孙飞力、魏斐德等人则强调中西历史语境的差异，认为以西方理论来解读中国近代历史，可能会导致某种化约论与目的论，即有可能隐含某种以西方的社会发展模式为标准，来度量中国的现代化进程的倾向①。这就是后来人们所称的“存在说”“否定说”。

在这两种对立观点之外，美籍学者黄宗智提出了“第三领域说”，即在中国的社会语境下改造哈贝马斯的学说。他认为“第三领域”是政府与社会成员之间相互作用的空间，是具有公共性的社会空间，国家力量渗透和社会自主倾向相互争夺。自改革开放以来，中国的社会与国家出现了一定程度的分离，但这种分离又伴随着国家对市场的干预和调控，这种特殊的国情决定了从国家与社会的维度考量公共领域的“存在说”和“否定说”显得力不从心，简单的国家与社会二元对立的分析模式不符合中国的特殊国情，黄宗智从国家与社会的互动角度讨论了中国公共领域的存在形式，突破了这种简单的二元对立分析模式。

在黄宗智看来，政府与非政府组织成为“第三领域”的主体，如果将这一理论置于传媒视域内，我们会发现，大众传媒一方面并非完全消极地与政府发

① 方平：《晚清上海的公共领域：1895—1911》，上海：上海人民出版社，2007年，第17-21页。

生关系，它有时也会自下而上对政府产生一定的影响；另一方面大众传媒对于非政府组织的建构（如粉丝社团等）则具有较强的独立性，产生了较强的影响。可以说，传媒公共领域的建设不仅取决于党和政府的传媒政策及机制建设，而且还依赖于大众如何借助传媒参与公共活动，开展交流和协调。换言之，在党和政府对传媒进行意识形态控制的前提下，考量大众自身的活动状况对于中国公共领域建设的影响具有重要意义。

黄宗智在论述“第三领域”时用了一个富有启发性的比喻，他说：“这里可以借用父母对幼儿的影响作一类比。倘若我们只是从父母影响的角度讨论幼儿，我们就容易在双亲谁影响更大的简单化论断上纠缠。这时，我们却已忽略了一个真正重要的问题：即那一孩童自身内部的成长与变化。”[①]黄宗智的比喻同样适用于公共领域中的受众研究，也就是上文所言的“谁”的问题、“人”的问题。我们在无法回避政治意识形态规制的环境下，考察大众如何在其内部成长与变化就显得非常紧迫。仅就电视而言，厘清人与电视媒介的关系，促进人的内在成长与发展，对于考察电视公共领域的建设不失为一个有效的视角。

“人”的问题直接与改革开放以来中国社会阶层的发展变化相关。陆学艺等人以职业分类为基础，将现阶段中国社会划分为十大阶层[②]。南京大学段京肃在陆学艺的基础上，从阶层状况与媒介的关系出发，将社会分为三个阶层：①信息传播和媒介掌控中的强势阶层，包括执政党及其各级组织的工作人员、社会精英阶层；②有条件、有能力接近和使用媒介的中间阶层，包括中小私营企业主、个体工商户及新的社会中间层；③处在信息活动边缘的弱势阶层，包括生活贫困者、农民工等。他的调查结果是，①、②阶层有较高的媒体接近权，在非新闻节目中，②阶层的参与权要高于①阶层，同时③阶层的参与权并没有得到充分的释放和平衡[③]。由此可见，中间阶层尤其是弱势阶层的充分释放和平衡对于电视发展具有重要意义。

哈贝马斯认为，社会与国家的分离是以市民为主体的公共领域保持独立性的重要前提。在中国政治语境下，社会与国家相互渗透，能否形成独立的市民社会值得怀疑，但从“人”与非社会组织的关系来看，公共领域能否建成很大程度上取决于“人”在其内部的成长与发展，尤其是对于传媒公共领域而言，公共领域的首要任务是“向无限多的个体开放”，犹如汤普森所言，“电视等媒体产生了一个新型的公共领域，它没有空间限制，它不一定与对话相联系，

① 黄宗智：《中国的“公共领域”与“市民社会”？：国家与社会间的第三领域》，载邓正来、亚历山大：《国家与市民社会：一种社会理论的研究路径》，北京：中央编译出版社，1998 年，第 430 页。

② 陆学艺：《当代中国社会结构》，北京：社会科学文献出版社，2010 年。

③ 李丽华：《当代中国受众接近权问题研究》，郑州大学硕士学位论文，2006 年，第 19 页。

处在私人化家庭环境中的为数不定的人们都可以看到它”[①]。汤普森看到了电视对于建设传媒化公共领域的重要作用。对于中国的平民大众而言，其成长与发展的首要问题是如何最大范围拥有“接近权”，获得表达自我的平台和空间，进而维护公共利益。换言之，参与的程度、维护公共利益的深度即是当代平民大众内部成长的标志，电视公共领域的发展水平也主要体现为平民大众的内部成长程度。

文森特·莫斯可说，哈贝马斯的公共领域理论对于传播学而言具有重要的地位，但“如何探讨公共领域到底是什么？或者，既然流行的说法是把它当成领域，那么，它在哪里？”“由于这个困难，仅仅关于公共领域之内有什么、之外又有什么就造成了立场的千变万化”。“尽管我们用尽各种方法来确定领域的特定含义，其中仍然存在严重问题。”公共领域的确无法成为一个实体，但它并非子虚乌有，在这种情况下，莫斯可这样定义公共领域的内涵：“也就是促进整个经济、政治、社会和文化决策过程中的平等和最大可能的参与。”[②]对于电视综艺节目而言，公共领域就是一个参与过程，其存在于人与电视的互动关系中，换言之，平民大众与电视综艺节目的互动过程就是电视综艺节目公共领域的存在形式，并以此惩恶扬善，维护社会的公共利益。

三、中国电视综艺节目的“平民公共领域”：追求自由的、善的生活

尹鸿曾经提出一个非常值得关注的观点。他说，如何借助于对本土文化的分析和思考，使外来的媒介文化研究的概念和方法获得本土的合理性，便成为当代媒介文化研究必须面对的挑战。在他看来，就社会政治经济体制来说，中国与世界上几乎所有的国家都不同，实行的是特殊的社会主义市场经济体制，社会主义、市场经济双重力量复杂地作用于媒介文化，我们在分析媒介与主流意识形态的关系时，显然会发现中国媒介文化是一个比西方国家更加充满矛盾、变异、冲突、暧昧的文化空间。他又说，当我们抽象地借用法兰克福学派对资本主义文化工业批判的理论来反观中国的大众传媒的时候，就会完全否定大众传媒在中国所具有的民主意义。[③]尹鸿关于媒介文化本土化的论述表明，西方媒介文化概念如何实现本土化是媒介研究的一个问题，需要我们审视中西方文化、社会、体制的差异，不能移植照搬西方的媒介术语。“公共领域”作为重要理论，同样面临本土化问题。

就中国传播语境而言，不能仅仅借助法兰克福学派的批判理论，强调公共

① 汤普森：《意识形态与现代文化》，高铦、文涓、高戈等译，南京：译林出版社，2005年，第267页。
② 莫斯可：《传播政治经济学》，胡正荣、张磊、段鹏等译，北京：华夏出版社，2000年，第164-165页。
③ 尹鸿：《尹鸿自选集：媒介图景·中国影像》，上海：复旦大学出版社，2004年，第29页。

领域反抗国家意识形态机器的政治维度而忽视或遮蔽其他维度，也不能因为中国没有形成像西方一样的市民社会而否认大众传媒建设公共领域的可能性。正如尹鸿所言，媒介与中国主流意识形态的关系中，充满了矛盾、变异、冲突和暧昧，我们应该在这种复杂性中重新审视公共领域理论，寻求适合中国语境的理论养分。

首先，我们回顾一下哈贝马斯对“公共领域”的定义。他说，“所谓‘公共领域’，我们首先意指我们的社会生活中的一个领域，在这个领域中，像公共意见这样的事物能够形成。公共领域原则上向所有公民开放。公共领域的一部分由各种对话构成，在这些对话中，作为私人的人们来到一起，形成了公众。那时，他们既不是作为从事业务的或职业的人来处理私人行为，也不是作为合法联合体隶属于国家官僚机构的法律规章并有责任去服从。当他们在不从属于强制的情况下处理普遍利益问题时，公民们作为一个群体来行动；因此，这种行动具有这样的保障，即他们可以自由地集合和组合，可以自由地表达和公开他们的意见。当这个公众的规模较大时，这种交往需要一定的传播和影响的手段；今天，报纸和期刊，广播和电视就是这种公共领域的媒介。当这种公共讨论涉及与国家的实践相关的问题时，我们称之为政治的公共领域（以之区别于文学的公共领域）”[①]。哈贝马斯的定义说明了以下三个问题。

第一，公共领域应该是一个开放的、真诚的、自由的交往空间，它能够提供互动和多元的交流，使得每一个成员能够在自由平等的情境下表达个人见解，达成某种共识；

第二，公共领域与大众传媒的关系非常密切，公共交往需要一定的传播手段，电视就是一个重要的媒介；

第三，公共领域具有多种维度和不同面相。“当这种公共讨论涉及与国家的实践相关的问题时，我们称之为政治的公共领域”，也可以这样说，当公共讨论涉及社会问题，或者其他内容的讨论时，公共领域的维度就不仅仅是政治的，还有其他维度和内容。

事实上，仅就公共领域中的市民社会理论而言，也并非存在一种理论形态。有人认为，目前有两种市民社会理论。一种是针对东欧共产主义解体所提出的“市民社会”的理论，这种理论主要强调的是“公民自由交往的领域”，即哈贝马斯所谓的“公共领域”，它强调的是公民对国家政治生活的参与。这种追求政治民主的极端形式就是强调市民社会对国家的反抗。另一种是针对西方理性化过程中所形成的“生活世界的殖民化”（哈贝马斯语）而提出来的“市民社会”的理论，这种理论主要强调市民社会的道德价值，即追求一种自由的、善

① 哈贝马斯：《公共领域（1964）》，汪晖译，《天涯》，1997年第3期，第139页。

的生活。无论哪种关于市民社会的理解，总是关乎另一个重要的概念，即“公共领域”。[①]这揭示了公共领域理论的政治学维度与伦理道德的社会学维度。

本书认为，《超级女声》《星光大道》《我们有1套》《中国达人秀》等电视综艺节目，“零门槛”向大众敞开，激发了平民大众的参与热情，节目本身也成为话题讨论的平台，因此，从参与者、话题、公共空间等方面看，中国电视综艺节目已经初具公共领域的雏形。尽管节目追求娱乐文化，其影响国家意识形态的能力也相当有限，但它在社会伦理道德的维度上却极大地影响了平民阶层对自由、善的生活的态度和看法，激起了他们追求自由生活的热情。吉林省新闻出版广播电影电视局原党组书记冯晨曾说：“娱乐文化是当代中国文化的重要有机组成部分，承载着严肃的文化责任。文化责任的严肃性，不仅在于娱乐文化如何履行启迪思想、助益道德、服务社会之神圣使命，更在于娱乐文化如何完成改善生活、完善生活、提高生活之光荣任务。”[②]冯晨指出了当代电视娱乐文化的特征和功用，改善生活、完善生活、提高生活质量也成为当代中国电视综艺节目的重要内容和宗旨，就这个层面而言，中国电视综艺节目不仅追求平民狂欢的娱乐性，还追求一种自由的、善的生活，这也形成了中国电视综艺节目的“公共领域”的内涵。

需要指出的是，电视综艺节目追求自由的、善的生活，是以私人情感的形式进入公共领域的，经过多元情感的交流而形成趋同或认同形塑。麦格雷说：“公共领域理论有两处新意不容置疑。哈贝马斯指出，公共领域不等于政治传播，也不等于舆论—传媒—从政者之间的博弈，而是远远超出这些。公共领域包含来自私人领域、可以上升到公共层面并且不会腐蚀公共层面的一切话题和观点。”[③]因此，私人领域的情感进入公共领域并不会影响公共领域的建设，相反，电视综艺节目在情感认同和形塑的基础上，从社会伦理道德层面上建构以追求自由的、善的生活为内容的平民公共领域。

特纳认为，“要是先验地推定，只有在关于国家或经济方面的事务上才能表现出理性批判的立场，这些方面也必然构成了公共领域的正确范围，那也是一种误解。相反，被放置到私人领域中去，既可以在不同程度上成为一种保护，以免遭公共干预或监督，也可以在不同程度上成为一种解除力量的手段，将其排斥出公共话语”。特纳强调私人领域的情感认同是通向公共领域的重要途径。因此，特纳提出了认同形塑或重塑问题。他引用内格特和克卢格的话说，“我们可以区分出两类公共领域，一类是认同形塑表现得更为显著，另一类则是理

① 傅永军、汪迎东：《哈贝马斯“公共领域”思想三论》，《山东社会科学》，2007年第1期，第7页。

② 冯晨为孙宝国著作写的序言。参见孙宝国：《中国电视娱乐节目形态学》，北京：新华出版社，2009年，第1页。

③ 麦格雷：《传播理论史：一种社会学的视角》，刘芳译，北京：中国传媒大学出版社，2009年，第166页。

性批判话语更突出些；但我们不应该假定存在一种政治公共领域，其间的认同形塑（与重塑）是无足轻重的。认同形塑与时事讨论是很难分得一清二楚的”。认同形塑可以建构公共领域，哈贝马斯没有重视这一点，正如特纳在其专著注释中补充说明的，“当哈贝马斯转而关注战后以大众传媒为中介的公共领域时，除了一套‘衰退’‘再封建化’的说法，再无任何分析工具，其中有一点原因便是他明确将认同形塑的过程排除出了公共领域”[①]。认同和形塑恰恰是电视综艺节目公共领域的一个重要特征。

电视综艺节目的认同和形塑主要有两种表现形式。一是节目现场的情感共享。所谓情感共享，按照日本学者水越伸的术语来说，即“共鸣”。他认为，“人们与他人面对面对话时，不会单凭语言进行信息交换，往往通过对方的动作、表情、声音的抑扬顿挫、着装修饰等揣摩对方的为人和态度，并在交流沟通的同时也将情感传达给对方，使对方的情感趋同”[②]。二是电视节目之外的，如网络形成的情感共享社区。“私人生活公开化，公共生活私人化，但病症并未因此出现，因为私人和公共这两个集合是历史的设置，本来就是‘多变的、流动的’，不是两个互相沟通的封闭世界。历史的设置不会你方唱罢我登场，而是相互叠加……电视既提供信息，也从事娱乐，二者还有可能混合进行……电视关注个体的现实经历，通过假定更平等的供求，尝试建立情绪共享的社区（当然，不同的模式并不相互排斥）。”[③]在传媒的支撑下，相近个体和团体通过梦想、诉求，以虚构或讨论的方式融入公共领域。

当然，不管是情感共享还是节目之外建立的情感共享社区，都是建立在身份、族群、文化差异的基础上，经过节目展演和观看，构建多元对话的理想情境，形成情感共鸣，进而在社会伦理道德层面上形成有关日常生活经验的共识——追求一种自由的、善的生活。这是当代中国电视综艺节目的公共领域内涵，也是公共领域建设的旨归。

第三节 公共性、私人性与公共领域的关系辨析

媒介“公共性”对于东西方文化而言具有普适性，诚如李良荣指出的，“无

① 事实上，哈贝马斯在《包容他者》一书中提出通过平等、尊重、包容、开放的心态形成一种“道德共同体”的观点。这种“道德共同体”和特纳的“认同形塑”相似，和本书所论述的综艺节目建设一种追求自由的、善的生活的“平民公共领域”相似。从哈贝马斯的整个著述来看，他只是没有突出这种“道德共同体”，而是将重点放在公共领域政治维度的建构上。分别参见哈贝马斯：《包容他者》，曹卫东译，上海：上海人民出版社，2002年，第1，2页，以及特纳：《Blackwell社会理论指南》，李康译，上海：上海人民出版社，2003年，第636-645页。

② 水越伸：《数字媒介社会》，冉华、于小川译，武汉：武汉大学出版社，2009年，第165-166页。

③ 麦格雷：《传播理论史：一种社会学的视角》，刘芳译，北京：中国传媒大学出版社，2009年，第173页。

论在何种社会制度下，实行何种传媒体制，对传媒业具有公共性的认识是一致的”[①]，但是，媒介所表现出来的“公共领域”形式却不一定相同，这就是说，传媒的“公共领域”与其“公共性”之间具有相似性，也有差异性。

这种差异在电视传媒研究中常常被忽视，也就是将公共领域等同于公共性，反之亦然。任金州和卞清指出：“在中国的电视新闻改革中，我们首先要准确把握‘公共性’在中国电视新闻媒介公共领域构建中的含义”，“在新闻内容上，我们所说的公共事务应具有社会意义，是人民群众在社会生活中共同关心的话题。我们电视新闻媒体中所要加强的，就是这种事务的报道强度。它包括：公共政治、文化、经济生活；社会治安、交通信息；大范围的、全局性的、跨行政领域的自然灾害、卫生疾病、环境状况与环境保护等。也就是说，那些公众普遍关心的、与公众生活紧密联系的、具有社会影响力的、不局限于个人和家庭事务的公共事务，是我们所要构建的公共领域中的基本内容”[②]。这些论述比较深刻，不过，他们在肯定民生新闻提升公共性的同时还是抹杀了公共性与公共领域之间的区别。他们认为，“已有的这种民生新闻的现象并不是我们在真正意义上所强调和构建的媒介‘公共领域’，因为它的报道内容并没有完全脱离家庭和个人的生活事务，低端新闻的比例较高，真正的公共事务的讨论和交流却有不足，其影响范围也十分有限”[③]，他们的论述表明，电视的公共领域不应该包括个人或家庭事务，他们试图将公共性与私人性进行区分，进而考察电视公共领域问题，然而，在通向这一目标的过程中，公私之间的泾渭分明却将电视的公共性与公共领域概念等同了，这不利于对公共领域的探讨。

曹卫东在《权力的他者》一书中对公共领域、公共性的关系进行了辨析。他认为，德语中的 öffentlichkeit 一词涉及两个不同的层面，符合哈贝马斯的一贯思路。“从思想层面来看，‘öffentlichkeit’指的是个体和共同体（包括社会和国家）的一种特殊观念，是一种韦伯式的理想范型，兼有批判的功能和操纵的功能；就社会层面而言，‘öffentlichkeit’指的是一个话语空间，它介于国家和社会之间，充当二者的调节器和修正仪。在这个空间内部，个体的地位比较独特，他既属于‘私’（个人），也属‘公’（公民）；在这里，‘公’和‘私’不是截然分离，而是高度统一的，也就是说，大公不是无私，而是有私。按照我的理解，思想层面上的‘öffentlichkeit’可以翻译成‘公共性’，而社会层面

① 李良荣：《公共利益是中国传媒业立足之本》，《新闻记者》，2007 年第 8 期，第 3 页。

②③ 任金州、卞清：《增强公共性和服务性 进一步开放“公共话语空间”：中国电视新闻改革的“公共领域”建设构想》，《现代传播》，2006 年第 1 期，第 46 页。

上的 öffentlichkeit 则应当翻译为‘公共领域’。”[①]曹卫东的二分法比较清楚地指出了公共领域与公共性的区别和联系，同时指出 öffentlichkeit 的“大公”包含“有私”的关系。

我们再来比较一下哈贝马斯本人的论述。哈贝马斯指出，“公共性本身表现为一个独立的领域，即公共领域，它和私人领域是相对立的”[②]。哈贝马斯指出了公共领域与公共性的关系，公共领域具有公共性，但公共领域又是一个独立的领域，它有自身的形成过程，充当这个过程的内容有不同的性质，进入公共讨论之初并非都具有公共性，而是经过交往行为获得的，并非先在的。哈贝马斯认为，这个交往行为是在日常生活世界中进行的。日常生活世界包含了公民个人或家庭事务等日常生活经验，这些经验通过主体间性的相互认可或承认，形成公共性。因此，不能因为公共性这一结果，而否认其形成过程中可能出现的私人性。

私人领域也是多维的，其体现出来的公共性有无、强弱常常交错于一体，在考察私人领域与公共领域关系时，应区别对待。如果私人性事务不能激发存在于受众间的共同日常生活经验，则容易导致任金州所言的“讨论和交流不足”，不能形成公共性，自然，公共领域也无法形成。因此，日常生活经验激起话题的能力是私人性与公共性和公共领域相区别的标准之一，此为一个方面。

另一方面，从媒介本身而言，不同的媒介呈现出的公共性也不同。齐勇峰说，传媒作为国家的战略性资源，是公认的“社会公器”，具有很强的公共性。就绝大多数作为准公共文化产品和服务的媒体而言，其公共性的强弱也有所不同。比如，党报、党刊、电台、电视台等，这些媒体承担了较多的公共职能和社会责任，公共性比较强一些，而科技、财经、生活、娱乐、教辅类媒体，提供的产品和服务更具个性化和私人性质，公共性相对弱一些。[③]齐勇峰是从传媒的功能层面区分公共性与私人性的，有其合理性，但我们是从日常生活经验层面讨论的，与齐勇峰的视角不同，兹不赘述。

由此可见，私人性、公共性、公共领域的关系非常复杂。公共领域是公共性的一个独立部分，是公共性的一种表现形式，但公共领域并没有将私人性排除出去，而是强调主体间的交往行为对于形成公共性、建构公共领域的重要意义。对于私人领域的公共化而言，需要我们选择和甄别那些具有共鸣与争议的私人性事务，特别是选择人性共通的日常生活经验，引起他人参与和“说话”

---

① 曹卫东：《权力的他者》，上海：上海教育出版社，2004 年，第 44 页。

② 哈贝马斯：《公共领域的结构转型》，曹卫东、王晓珏、刘北城等译，上海：学林出版社，1999 年，第 2 页。

③ 齐勇峰：《传媒产业的发展趋势》，《传媒》，2006 年第 3 期，第 17 页。

的积极性。[①]在这个标准之下，本书在使用公共性和公共领域概念时并没有严格区分两者的差异，而是将重点放在公共性中的交往行为，即如何形成公共领域的过程上，换言之，电视综艺节目的公共领域，其核心问题不在于“公”与“私”，而在于能否围绕日常生活经验选择人性共通的议题进行讨论和交流，最终形成情感共享，达成一种共识。

综上所述，电视综艺节目只有反映平民大众的愿望和诉求，且深深根植于平民的日常生活世界中，才能获得长久的生命力，正如公共新闻领域的重要学者詹姆士·凯里所指出的，“新闻的真正问题在于这个建立在公众基础上的术语已经溶解，部分是被新闻业自己溶解。新闻事业只有与公众和公众生活关联才有意义。因此，新闻业根本的问题是重建公共领域”[②]。凯里就新闻公共领域所提出的建议十分深刻。当代中国电视综艺节目要获得自身的意义和价值，其中一个路径就是建设公共领域，引导平民大众追求一种自由的、善的生活，这有利于维护公共利益，贯彻电视节目的“三贴近”原则，实现电视节目的社会主义核心价值观。

① 卢迎安在其博士论文中，以崔永元的《实话实说》为例认为该节目衰落的原因在于对私人性的过分关注。我们认为，对私人性过分关注会出现后文要讨论的“自恋”人格的形成，会淡化公众对公共议题的关注，因为自恋式人格关注的不是日常生活经验和他者的需要，不具有引起情感共鸣和生成话题的特质。因此，私人性事务是否具有建设公共领域的能力，其关键在于甄别和选择什么样的私人性事务，而不是将私人性事务从公共领域中排除。参见卢迎安：《当代中国电视媒介的公共性研究（1978—2008）》，复旦大学博士学位论文，2009年，第74页。

② Carey J W.The Press,Public Opinion and Public Discourse. 转引自连水兴等：《媒介“公共性”的想象、建构及其理论逻辑》，《中国传媒报告》，2007年第4期，第98页。

第二章　多元身份与主体性建构：以央视《我们有1套》为例

针对当代中国电视综艺节目发展的“乱象”状况[①]，冷淞提出了一些发人深省的问题：如何正确处理主旋律题材、高雅内容的通俗化表达？如何正确利用电视综艺节目这个老百姓喜闻乐见的柔性舆论工具，在满足当代电视观众欣赏品位日益多样化的基础上，宣传好中国特色的价值观和世界观？如何在抵制低俗化的同时，汲取国际电视文化中有利于提升综艺节目收视率的先进方法和手段，提升电视综艺产品的国际竞争力？就这些问题，冷淞提出了“构建中国特色的电视综艺节目体系”的建议[②]。本书认为，冷淞提出的问题与建议具有重要的启发意义，不仅提出了中国电视综艺节目如何发展的问题，而且提出了建设中国特色电视综艺节目体系的任务。

我们认为，建设中国特色的电视综艺节目体系的内容之一，就是建设中国特色的电视公共领域。第二章、第三章、第四章分别选取三个真人秀案例[③]，以公共领域为视角，探寻当代中国电视综艺节目在建设平民公共领域方面取得的成绩与存在的不足，并讨论建设中国特色电视公共领域的对策和途径。

本章以央视《我们有1套》为例，第一节探讨参与者的多元身份；第二节从议题设置方面阐述节目如何包容、激活受众议题，形成情感的交流和共享；第三节分析参与者进行情感交流的形式；第四节讨论《我们有1套》在平民公共领域建设方面的问题与不足。四个方面的论述意在从参与者的主体身份层面来探讨《我们有1套》所取得的成绩及存在的问题。

---

① 陈志国：《电视综艺节目发展之乱象浅析》，《中国广播电视学刊》，2010年第8期，第54页。

② 冷淞：《构建中国特色的电视综艺节目体系》，《当代电视》，2010年第8期，第17-19页。

③ 中央电视台层面上，选取综合频道的《我们有1套》为例，它作为央视节目改制的最新尝试，反映了政府规制与公共利益之间的关系；地方电视台层面上，一是选取湖南卫视的《超级女声》为例，它作为中国综艺节目发展的一个标志，蕴含了公共利益与商业利益之间的复杂过程；二是选取东方卫视的《中国达人秀》为例，它是地方电视台首次完全引进国外版权的尝试，体现了电视综艺节目发展的一个新阶段。

第一节　参与者的多元身份：主体性的构建

英国学者彼得·达尔格伦认为，电视的产业、视听文本、社会文化经验是电视的“三棱镜”，也是考察电视公共领域的三个维度。就视听文本而言，主要是分析其对话的形式与捕捉不同观点的敏锐能力。[①]这一节将重点探讨参与者的身份及其对话形式，考量电视节目捕捉多元观点的敏锐性与能力。

一、参与者的多元身份

《我们有1套》是中央电视台2010年9月在节目改茞调整的背景下制播的一档真人秀节目。中国网络电视台官方网站对第一季节目做了说明：“通过农民才艺的展示，体现新农民的自信、自立、自强、自豪，彰显新农村建设的新成果，以及全社会对农民的关心和感谢。每期节目由身怀一套绝技的农民高手、著名主持人、社会公众人物、时下备受关注的少年儿童，组成两个独具魅力的临时家庭，丰收联欢，快乐比拼。不是简单的才艺展示，而是传达一种时代精神和文化内涵，弘扬主流价值观。除了对农民高手背后故事的情感再开掘外，还特别设置了特别礼物，它传递着一种中华民族的传统精神以及农民对未来的美好向往。”[②]这个简介表明了《我们有1套》的节目定位、参与者、节目宗旨等。下面以第一季的“农民题材”为例，从参与者身份、话语交流形式等方面探讨参与者的主体性建构。

（一）“农民”概念的多重内涵

作为身份概念，“农民”有广义与狭义两种内涵，现以陆学艺等人对当代中国社会阶层的研究报告为依据，从参与主体的社会经济地位分析“农民”这个概念，探究《我们有1套》建构“农民”主体性的方式。

中国社会科学院的“当代中国社会阶层研究”课题，对当代中国社会阶层进行了分析，划分出了“十大阶层”：国家与社会管理阶层、经理阶层、私营企业主阶层、专业技术人员阶层、办事人员阶层、个体工商户阶层、商业服务人员阶层、产业工人阶层、农业劳动者阶层和城市无业、失业和半失业阶层。研究者依据对组织资源、经济资源、文化资源的拥有量及所拥有的资源的重要程度，对十大阶层进行了社会经济地位等级排列。社会上层：高层领导干部、

---

① Dahlgren P. Television and the Public Sphere: Citizenship, Democracy and the Media. London: Sage Publications, 1995: 25-26.

②《我们有1套》，中国网络电视台综艺台，http://ent.cntv.cn/enttv/special/C21221/videopage/index.shtml。

大企业经理人员、高级专业人员及私营企业主。中上层：中低层领导干部、大企业中层领导人员、中小企业经理人员、中级专业技术人员及中等企业主。中中层：初等专业技术人员、小企业主、办事人员、个体工商户、中高级技工、农业经营大户。中下层：个体劳动者、一般商业服务业人员、工人、农民。底层：生活处于贫困状态并缺乏就业保障的工人、农民和无业者。[①]根据这项调查，“农民”这一阶层包含处于不同社会经济地位等级的三类对象：中中层的农业经营大户、中下层的农民、底层的农民。当然，这一概念已经排除了农民出身但已处于社会中上层、社会上层的非农民。

根据这一划分理论，本书对《我们有1套》第一季的参与者进行了统计，考察节目关注社会中下层及社会底层的能力。

（二）《我们有1套》节目中各阶层的分布情况

第一季“农家乐”节目共17期，资料来源于中国网络电视台综艺台“我们有 1 套”[②]。需要说明的是，参演节目的主持人纳入统计范围，没有参演节目的主持人忽略不计；各种形式的表演组合数量上计算为一人，若分别进行了不同的文艺节目演出，则分别计算；未成年人无法采用社会经济地位标准对其进行衡量，因此，未成年人及其组合，不纳入计算范围（表2-1）。

表 2-1 参与者社会阶层分布表

期数 \ 社会经济地位		社会上层	社会中上层	社会中中层	社会中下层	社会底层	各期人数/人
1期	人数/人	4	3	0	2	0	9
	比例/%	44.4	33.3	0	22.2	0	
2期	人数/人	2	2	0	4	0	8
	比例/%	25	25	0	50	0	
3期	人数/人	2	0	3	2	0	7
	比例/%	28.6	0	42.9	28.6	0	
4期	人数/人	2	0	0	3	1	6
	比例/%	33.3	0	0	50	16.7%	
5期	人数/人	2	1	0	3	0	6
	比例/%	33.3	16.7	0	50	0	
6期	人数/人	3	0	0	7	0	10
	比例/%	30	0	0	70	0	

① 陆学艺：《当代中国社会阶层研究报告》，北京：社会科学文献出版社，2002年，第8-23页。

② 《我们有1套》，中国网络电视台综艺台，http://ent.cntv.cn/enttv/special/C21221/videopage/index.shtml。

续表

期数 \ 社会经济地位		社会上层	社会中上层	社会中中层	社会中下层	社会底层	各期人数/人
7期	人数/人	3	0	1	2	0	6
	比例/%	50	0	16.7	33.3	0	
8期	人数/人	1	1	1	2	0	5
	比例/%	20	20	20	40	0	
9期	人数/人	3	0	0	5	1	9
	比例/%	33.3	0	0	55.6	11.1	
10期	人数/人	2	1	1	2	0	6
	比例/%	33.3	16.7	16.7	33.3	0	
11期	人数/人	9	0	0	0	0	9
	比例/%	100	0	0	0	0	
12期	人数/人	3	1	0	2	0	6
	比例/%	50	16.7	0	33.3	0	
13期	人数/人	2	0	0	4	1	7
	比例/%	28.6	0	0	57.1	14.3	
14期	人数/人	2	0	1	1	1	5
	比例/%	40	0	20	20	20	
15期	人数/人	0	4	1	2	0	7
	比例/%	0	57.1	14.3	28.6	0	
16期	人数/人	0	1	3	3	1	8
	比例/%	0	12.5	37.5	37.5	12.5	
17期	人数/人	2	0	2	2	0	6
	比例/%	33.3	0	33.3	33.3	0	
总计	人数/人	42	14	13	46	5	120
	比例/%	35	11.7	10.8	38.3	4.2	

统计数字显示，《我们有1套》第一季节目的参与人数为120人，社会上层42人，所占比例为35%；中上层14人，所占比例为11.7%；中中层13人，所占比例为10.8%；中下层46人，所占比例为38.3%；底层5人，所占比例为4.2%。按所占比例从高到低排列顺序依次是：社会中下层→社会上层→社会中上层→社会中中层→社会底层。

可以说，社会上层和社会中下层人士是《我们有1套》节目的主要参与者。

我们将社会中中层及以上的阶层作为一个整体，与社会中下层、社会底层作比较，通过分布图表表示出来，揭示节目关注社会中下层和社会底层的能力。

图 2-1 对比显示，社会中中层及以上阶层总共有 11 期人数比社会中下层人数多，有 4 期比社会中下层人数少，2 期相同。其中第 4、9、13、14、16 期，社会底层参与者均为 1 人，其余 12 期为 0；第 9 期之前展示社会底层的节目少，第 9 期之后稍有增加。

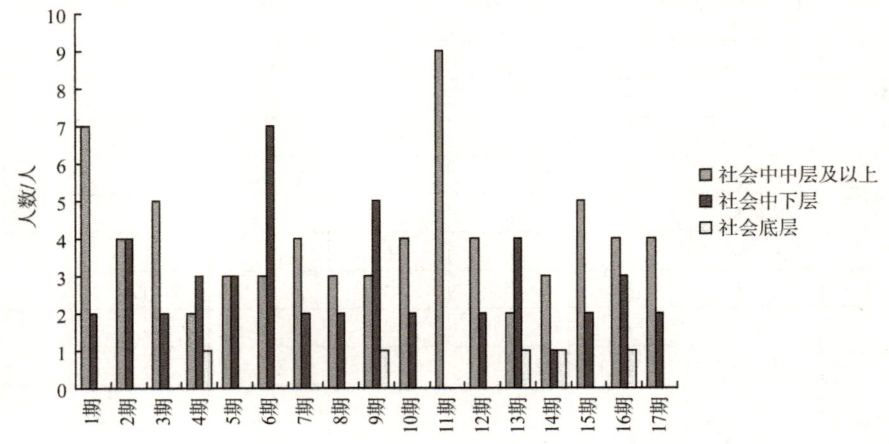

图 2-1 社会中中层及以上、社会中下层、社会底层的分布图

图 2-2 显示，参与者中，汉族身份的参与者分布于各期，外籍身份的参与者只有 1 期；少数民族身份的参与者出现共 10 期，但分布不均衡，主要分布于第一季的开头和结尾 2 期及中间 6 期。

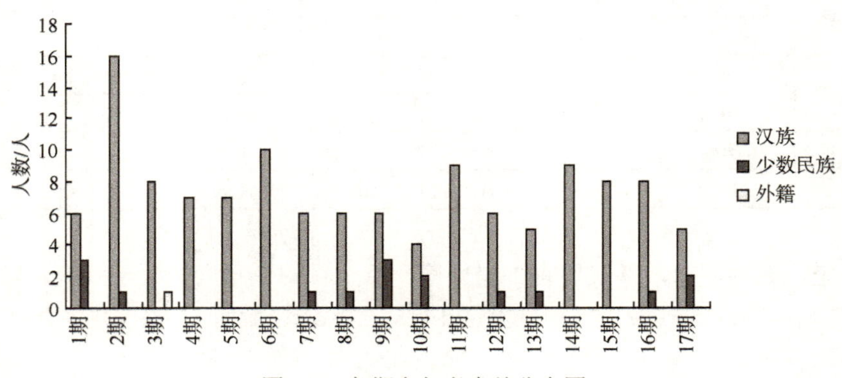

图 2-2 各期参与者身份分布图

二、主体性建构与榜样的“召唤”

上文对第一季的参与者身份进行了量化，这是本章讨论的事实性基础。下文将探讨的问题是，参与者如何展开对话？节目建构了何种形式的对话空间？

《我们有 1 套》第一季旗帜鲜明地将视角转向农民阶层，农民参与者成为节目策划的一个亮点。搜狐娱乐进行了小规模的调查："《我们有 1 套》最吸引你的是？"截至 2011 年 9 月 27 日 11 点 28 分，获得 296 票，其中，主持人阵容 135 票，占 45.61%；"三农"背景的嘉宾 43 票，占 14.53%；22 个特别礼物 13 票，占 4.4%；农民展示才艺 105 票，占 35.48%[①]。统计显示，主持人最吸引观众，其次是农民才艺表演，然后是"三农"背景的嘉宾。这表明农民才艺展示受到了观众欢迎，成为节目的一大亮点，符合节目宗旨和策划预期。

节目策划的一个重要目标是给农民搭建一个舞台，"晒丰收、晒欢乐、晒幸福"，以新颖活泼的形式反映农村生活，展现新农村建设的新风貌。央视一套总监朱彤认为，"《我们有一套》的成功，首先在于节目的定位上。《我们有一套》是一套才艺真人秀，更是为新时期新农民定制的才艺秀，节目突出了社会主义新农村建设的成果，展现了新农民的新风貌和时代精神，弘扬了时代主旋律。它贴近时代、贴近生活、贴近群众，在为农民提供娱乐的同时，引导了积极向上的审美趣味，体现了主流价值观"[②]。朱彤在此提出了综艺节目如何娱乐、如何最大限度地实现"三贴近"原则问题，那就是肯定农民身份、建构农民世界，强调精神关怀与主流价值观。那么，节目是如何肯定农民身份的？换言之，节目建构农民主体性身份的方式是什么？本书认为，《我们有 1 套》是通过将农民概念多维化、多层级化而实现的。

表 2-1 显示，《我们有 1 套》的参与者中，身处社会上层与社会中下层的人数相当，分别为 35%和 38.3%，他们成为节目的主要参与者。然而，社会上层要么不是农民出身，要么已经脱离了农民阶层，成为演艺界、文化界和经济界的名人，他们与社会中下层乃至底层的农民存在较大的经济、社会、文化上的差异。换言之，在参与者身份存在重大区别的情况下，社会上层与社会中下层及社会底层是否具备对话的可能性？他们如何进行对话，其方式是什么？下面将通过参与者身份的分析及他们之间的交流和对话来探讨这些问题。

社会身份理论认为，个体具有多重身份，某一身份的突出性取决于三个方面：一是相关他人对身份的支持；二是个体自身对身份的承诺；三是由身份而获得的内部和外部的收益[③]。就《我们有 1 套》节目而言，农民的身份获得了节目的支持，节目为农民提供了舞台；就参与者而言，个体展现了对自身农民身份的承诺和肯定，如《我们有 1 套》第 15 期三强叙述自己农民身份时说，"我可能永远不会迁移农村户口，我是农民，为农民骄傲"。另外，很多农民选手

① 搜狐娱乐：《〈我们有一套〉最吸引你的是？》，http://yule.sohu.com/s2010/wmyyt/。
② 朱彤：《〈我们有一套〉为农民定制》，《光明日报》，2010 年 9 月 30 日。
③ 吴小勇等：《身份及其相关研究进展》，《西南大学学报》（社会科学版），2008 年第 3 期，第 9 页。

通过叙述农村生活劳动的情景，认同了自己的农民身份；就结果而言，农民身份获得了自身内部的收益——确立了主体性，同时也获得了外部收益——获得了农民出身或具有农村背景的社会中上层的认同和肯定。

下面以2010年9月15日《我们有1套》第12期后半部分的“农民叙事”为例，探究社会上层（包括社会中中层及以上，本章下文同）与社会中下层（包括底层，本章下文同）之间的对话和交流过程，重点讨论农民如何获得自身内部和外部收益，进而建构主体性的方式及过程。

莫岐：主持人小姐，不要看不起配角，没有他我前头演不了，对不对？

古晓：而且我觉得一讲这个配角，其实莫老特别有感触，莫老这一辈子演了这么多年戏，一直都在演配角，但是他虽然在演配角，你看他的艺术魅力一点都不输给主角，这就是莫老的魅力。我们用掌声来鼓励一下莫老，好不好？

肖东坡：我们也很想问问您：怎么理解“配角”这两个字？

莫岐：说良心话，我从艺将近五十年了，四十多年在舞台上、影视上、屏幕上，我都参加过，确实是一直在演配角，配角确实是不太好当的，因为他要塑造更多的人物，影片制作出来之后，您坐在那儿等着，灯光一下去……

肖东坡：大伙所有的目光都看在那银幕上。

莫岐：哗一下出来，开始出来了，这是谁的功劳？这是放映员的功劳。

正如伯格所言，在协作性的传媒，如电影和电视中，是由集体创作文本的①。艺术家莫岐、主持人与观众的合作，共同完成了对放映员孙洪奎的叙述，莫岐对古晓“看不起配角”的否定，更加强了受众对配角的理解。莫岐随后的回忆赋予配角以独特的人生价值。“说”和“同意”这样的词传达的概念是不同的②，“说”体现了言说者的主动性，不同于“同意”的被动性、消极性。莫岐作为著名艺术家，其“说”体现了他肯定孙洪奎身份的主动性和对孙洪奎的一种敬意。

肖东坡：“用您的话说，他简直就是配角的配角。”

莫岐：“我非常欣赏这样的人物，我非常敬佩这样的人物。”

古晓：“而且今天我们的现场也来了这样的一个配角的配角。”

在这里，莫岐作为社会上层的著名演艺人员，他以自身的成功经历肯定了社会中下层农民追求梦想的精神，高度评价了“配角的配角”的价值和意义。孙洪奎还没有出场，但其身份已经得到了社会上层的肯定和支持。随后，节目播放了孙洪奎的视频，视频中孙洪奎接受了采访：

① 阿瑟•阿萨•伯格：《通俗文化、媒介和日常生活中的叙事》，姚媛译，南京：南京大学出版社，2000年，第16页。

② 阿瑟•阿萨•伯格：《通俗文化、媒介和日常生活中的叙事》，姚媛译，南京：南京大学出版社，2000年，第52页。

孙洪奎：1978年我放映的第一场电影叫《蒙根花》。

画外音：三十三年前，二十三岁的孙洪奎参加了电影队，赶着驴车去各村放电影。

孙洪奎：那个时候的夏天，蚊子很多，打蚊子就跟当指挥一样，冬天很冷，抱成一团，就称“团长”，冻得哆嗦哆嗦的。

画外音：三十三年里，他赶过驴车，骑过自行车和摩托车，走遍了四百多个村庄，放映了七千六百多场电影，用坏了四台放映机。

孙洪奎：老百姓想看电影，没有人给他们放，我觉得吧，我不放电影了，就对不起老百姓。

画外音：哪怕村子再远再难走，只要村民想看电影，孙洪奎都会及时赶过去，风雨无阻。

孙洪奎：2003年，我们出去到三四十公里外去放电影，下着大雨，摩托车坏了，不能动了，我和儿子一起，我在前面推着车往回走，等回到家都晚上两点了，我儿子说，以后再也不和你出去了，你也别演了。

画外音：尽管儿子埋怨，但孙洪奎依然痴情于自己的电影放映工作，并不富裕的他，甚至变卖了家里积攒多年的五千多公斤[①]口粮来更新放映设备和片源，为此遭到了老伴儿的强烈反对。

妻子：反正也不挣钱，整天吵架，干吵架也没有用。

“反对”与“坚持”形成了并行的叙事情节，视频通过播放孙洪奎的老伴儿及其儿子的影像，将情节深深扎根于平民百姓的日常生活叙事中，配角的工作也在日常生活叙事中获得意义。另外，“坚持”与“反对”的两种叙事方式展现了孙洪奎追求梦想的理性精神。正如康德所言，“启蒙运动就是人类脱离自己所加之于自己的不成熟状态。不成熟状态就是不经别人的引导，就对运用自己的理智无能为力”。“要有勇气运用你自己的理智！这就是启蒙运动的口号。”[②]康德将理性作为个体追求现代性的一个重要特征。孙洪奎在谈话中一再强调“值得”一词，无疑说明他具有追求人生价值的理性，是一个具有独立思考能力的个体，同时这一个体又得到了社会上层的认同和支持。这样，节目从两方面肯定孙洪奎的身份，对于孙洪奎而言，内部具有理性思考能力，外部获得了社会上层的肯定和支持。连接内部和外部的纽带就是榜样的“召唤”。

莫岐作为榜样的力量一直在召唤孙洪奎。节目最后，莫岐对孙洪奎说：“我

① 1公斤=1千克。

② 康德：《历史理性批判文集》，何兆武译，北京：商务印书馆，1990年，第22页。

非常地佩服您啊。而且要知道我在农村里头去劳动的时候，参加演出的时候，经常在每星期六晚上能看到像这样的放映队，太感谢您了，向您学习，向您致敬。”莫歧和孙洪奎握手，然后向他致敬，这一认可表明，孙洪奎农村放映员的身份在榜样莫歧那里得到了认同和支持。

榜样的力量本质上是一种意识形态的“召唤”。阿尔都塞认为，“主体的建构实际上是一个动态的复杂的过程，从支配性意识形态的召唤，到个体接受并屈从这种召唤，再到主体间及主体自我的识别，再到把自己想象成自己认同的对象，并依照想象性对象去行动”①。意识形态的“召唤”是通过个体自身的“认识”“认同”，产生对自我形象的确认，进而形成想象性的关联，使每个社会个体同社会整体结成紧密的关系。社会上层和中下层的交流对话，社会上层成为中下层的榜样；同时，社会中下层得到了社会上层的肯定和认同，进而加深对自身的认识，并用理性追求梦想。

肖东坡最后总结说：“莫老师，老艺术家，老孙，你们二位一位是电影工作者，电影的演员，一位是电影放映员，专门是给千家万户送去文化产品的，那么，今天我们农村的变化非常快，也非常大，农民的日子就像那一首歌叫《映山红》。”在陈楚生的《映山红》歌声中，电视上出现了如下字幕：

在我国，有近十万的农村放映员，他们每天行走在各个村庄之间，为远离城市的农民们带去精神的粮食，他们每年要放映二百部左右的电影，他们像撒落在中国大地上的星星之火，用小小的热量丰富了中国农民的生活，郴州永兴县的马恭志、甘肃肃南县兰卫兵、贵州彭水县的彭昌军……他们只是无数默默奉献的农村电影放映员中能叫出名字的……

以孙洪奎为代表的一大批农村电影放映员的身份获得了榜样的肯定和支持，对于社会而言，孙洪奎又以新的榜样精神继续“召唤”他人去追求理想、乐于奉献、为人民服务。《我们有1套》通过榜样的“召唤”形式获得了关注社会中下层的能力。

总之，社会上层与社会中下层是节目的两大参与者，社会上层通过榜样的“召唤”方式肯定或认同了社会中下层的农民身份，社会中下层也从社会上层那里获得了农民身份的外部收益，增强了追求梦想的理性精神。这是建构农民主体性的方式，也是节目的创新和特色。当然，图2-1、图2-2也显示出创新背后的薄弱之处，本章第四节将予以论述。

---

① 转引自史可扬：《影视批评方法论》，广州：中山大学出版社，2009年，第51页。

第二节　议程设置与多重对话：受众议题的激活、包容

社会上层与社会中下层的互动和对话形成了话语交流的公共空间，但是，话题的生成和交流还与节目议程设置和受众议题密切相关，因此，本节将考察议程设置与受众议题之间的关系，探讨参与者的主体性建构过程。

一、《我们有1套》的议程设置与受众议题

议程设置（agenda-setting）是指大众媒介注意某些问题、忽略另一些问题的做法本身可以影响公众舆论；人们将倾向于了解大众媒介注意的那些问题，并通过大众媒介为各种问题所确定的先后顺序来安排自己对于那些问题的关注度[①]。《我们有 1 套》以“季播”的形式设置议程，每季都有不同主题，第一季以农民的“晒丰收、晒欢乐、晒幸福”为主题；第二季以职业技能竞技为表现核心，引导各行各业的人员提高职业技能、进行自我创新，突出了“三百六十行，行行出状元”的主旨；第三季采用多个家庭以表演才艺或讲述情感故事的形式表达“让爱住我家”的主旨；第四季关注儿童健康、快乐成长的主题，每期节目邀请著名演艺人员与孩子组成快乐同桌，共同参与话题、游戏、才艺表演等环节。

从某种意义上说，《我们有 1 套》的议程设置提升了观众的选择性注意，拉近了节目与受众之间的距离。“通过媒介的议程设置，相应地引发公众对公众人物和其他事物的看法，媒介在这个过程中发挥着预示的作用。”[②]当然，节目如果仅仅通过议程设置对观众进行“预示”，显然将观众视为消极受众，这样无法吸引观众的参与热情。议程设置的关键在于，媒介议题能否与受众议题进行互动，只有那些来自受众的议题，再经过媒介过滤选择，最终形成媒介议题，通过媒介的再次加工，反作用于受众，节目与受众的互动才能形成。也就是说，《我们有 1 套》的议程设置能否从平民大众的生活世界中来，又回到平民大众的生活中去？议题“预示”观众的同时能否激活、包容受众议题？这是节目互动的关键。

《我们有 1 套》的议程设置具有三个方面的特点。

其一，议程设置的视角公众化。《我们有 1 套》既有农民身份背景的社会

---

① 台湾学者一般译为“议题设置”，其中的区别参见慎之：《议程设置研究第一人：记马克斯韦尔·麦考姆斯博士》，《新闻与传播研究》，1996 年第 3 期；殷晓蓉：《议程设置理论的产生、发展和内在矛盾：美国传播学效果研究的一个重要视野》，《厦门大学学报》（哲学社会科学版），1999 年第 2 期，第 108 页。

② 布莱恩特：《媒介效果：理论与研究前沿》，石义彬译，北京：华夏出版社，2009 年，第 12-13 页。

上层著名演艺人员，也有来自社会中下层乃至底层的普通农民；既有成人演员也有儿童演员共同参加游戏；既有少数民族与汉族同胞的同台演出，也有郝歌这样的不同种族人士的参与。可以说，《我们有 1 套》利用央视的强势地位，将议程设置的视角公众化，尤其将中下层普通小人物、弱势群体置入公共视野，展示了中国当下普通百姓的生活世界。

其二，议题选择的主流化。尽管当下公众的价值观、人生观等意识、信念呈现多样化发展态势，然而日常生活经验所蕴含的共同价值并没有丧失，因而这种普世价值成为节目议题选择的一个来源；另外，政府提倡的主流价值观也是节目议题的来源。

节目总导演倪兵说，《我们有 1 套》的选题策划围绕当下时事、生活热点展开，节目内容做到与时俱进、常变常新，时刻把百姓最关注的话题摆在舞台上，“比如 9 月份，收获季节，农民观众最感兴趣，体现农民特色，我们就做农家乐；现在 11 月份，让爱住我家；马上过春节，回家过年我们有 1 套；两会的时候，两会代表委员我们有 1 套；五一的时候五一七天乐，根据变化”①。事实上，这些“时事、生活热点”已经将主流价值观与普遍存在的受众日常生活经验融为一体，共同成为节目议题的来源。换句话说，节目议题在重视主流价值观的同时包容了受众议题，激发了受众的日常生活经验。因此，节目话题的“预示”是在激活日常生活经验议题的基础上传递社会主流价值观的，主流价值观在很大程度上吸纳、包容、涵盖了受众议题，甚至在一定程度上进行了两种议题的互动。当然，节目是否能够承受过多的建构社会主流价值观的使命，还需进一步探究。

其三，重视属性议程设置。马克斯韦尔·麦库姆斯和埃米·雷诺兹认为，议程设置还存在“第二层级议程设置”，通过将某些属性作为中心观点来组织报道或者将事件的某些方面告知受众，也就是通过“框架作用”和“属性议程设置”，媒介不仅能告诉人们想什么，而且能告诉人们怎么想②。《我们有 1 套》第一季“农家乐”、第三季“让爱住我家”的“属性议程设置”比较充分。节目不仅展示了普通大众的才艺表演，而且利用视频接入、故事讲述、现场提问等方式，充分展示普通人背后的不寻常的故事。例如，“让爱住我家”节目中通过视频介绍“渐冻人”王甲，详细叙述了王甲的遭遇。作为第四组出场的家庭，是由王甲家人及虹妈妈两家人组成，两家人因为王甲成为一家人。舞台上，王甲的父母并没有进行叙述，而是虹妈妈讲述照顾王甲的一些细节，虹爸

① 中国网络电视台：《周涛和倪兵做客 CNTV 畅聊〈我们有 1 套〉》，http://ent.cntv.cn/program/wmyyt/20101104/100322.shtml。

② 布莱恩特：《媒介效果：理论与研究前沿》，石义彬译，北京：华夏出版社，2009 年，第 9-11 页。

爸李博良间接叙述了王甲的爱心和追求设计理想的执着。中间郑绪岚专为王甲来到了节目现场，并演唱了《牧羊曲》。然后，镜头特写王甲通过电脑对观众艰难说话的情景，时长近两分钟，体现了对属性议程设置的重视。最后，李博良的儿子李天行为王甲演唱了歌曲《祈祷》。

第一层级议程设置通过第二层级的属性议程设置不仅加强了节目主旨，而且在详细的叙述和展示过程中，观众能多方面体悟生命的议题：王甲对理想的执着、人间的大爱无疆、关怀弱势群体，等等。属性议程设置不仅可以推动观众间的互动，而且有利于调动受众议题，形成情感共鸣。围绕王甲形成的各种话题都是媒介选择和过滤受众议题，最后形成媒介议题的结果。这些议题体现了主流价值观，也体现了潜藏于平民生活世界的普世价值观，两种议题的互动建构了一个情感共享的空间。下面将以《我们有 1 套》第一季为例，运用话语分析的方法探讨受众与节目互动及受众议题被激活的过程。

二、议程设置下的多重对话

议程设置是在参与者之间的交流和对话过程中逐步具体化、明晰化的，同时，多重对话也推动了受众议题与节目议题的互动。下面以《我们有 1 套》第一季首尾 4 期（第 1、2、16、17 期）为例，研究节目中的话语结构[①]，分析主持人与参与者（观众、嘉宾）的话语交流过程。

（1）提问：诱导参与者展示才艺。提问话目是指有疑问语调的句子[②]。根据提问类别，统计如下（表 2-2）。

表 2-2　提问话目统计　　单位：次

提问类型	特指向	描述式	判别式	是非问	解析式	总计
提问总次数	12	3	24	12	3	54
社会上层提问次数	0	1	1	0	0	2
社会中下层提问次数	0	0	0	0	0	0

① 这里我们采用伯明翰学派的语篇结构三话步理论进行分析。以辛克莱(J. Sinclair)和库特哈德(M. Coulthard)为代表的英国伯明翰学派在系统地研究了课堂上的语言交流之后，提出了一套话语分析的等级结构模式，共由五个层级构成，即课(1esson)、段(transaction)、话回(exchange)、话步(move)、话目(act)。其中，课是最高层级，它由段组成，段由话回组成，话回即一个交际回合，一般由三个话步，即诱发(initiation)、应答(response)和附和(follow-up)组成，诱发是一个话回起始，应答是针对诱发话步的答语，附和是对应答的一种反应或反馈。话步由话目组成。话目是最小结构单位。国内学者盛永生较早将这一理论运用于电视研究。他将语篇结构理论运用于电视谈话节目，研究主持人与访谈者之间的话语结构。他的研究成果同样适合于电视综艺节目中的主持人话语分析。不过，电视综艺节目中的主持人的话语控制显然弱于访谈类节目，综艺节目中的嘉宾和选手的主动性显然高于访谈类节目，因此，本书对盛永生运用的一些概念做了修改，以便更加适合电视综艺节目话语结构的实际情况。下文不另作说明。参见盛永生：《电视谈话节目主持话语的基本话目分析》，《暨南学报》（人文科学与社会科学版），2004 年第 4 期，第 92 页。

② 盛永生：《电视谈话节目主持话语的基本话目分析》，《暨南学报》（人文科学与社会科学版），2004 年第 4 期，第 93 页。

特指向提问是将设问的对象具体到某一个事物或一个事物的某一个方面；描述式提问主要是解决“怎么样”“你的感觉”“你的想法”等问题；判别式提问主要解决“什么”“多少”等问题；是非问提问主要解决“是不是”“有没有”的问题；解析式提问主要解决“为什么”的问题。表 2-2 显示，主持人几乎掌握了提问的话语权，社会上层有 2 次提问的机会，社会中下层的农民完全没有提问的机会。

另外，除了是非问侧重于判断之外，特指向、描述式、判别式、解析式提问都将议题设置具体化、形象化，进而在具体的叙述中激发应答者的日常生活经验，形成情感共鸣。仅就频率最高的判别式提问而言，涉及的话题也非常广泛，如表 2-3 所示。

表 2-3　判别式提问涉及的话题

序号	判别式提问	指向
1	刘芳菲：王茜华今天给我们带来什么节目？	才艺
2	刘芳菲：小蜜花，小蜜花今年多大了？	年龄
3	刘芳菲：会唱多少首民歌？	才艺
4	刘芳菲：刚才唱的是什么，小蜜花？	才艺
5	阿宝：点个啥？	才艺
6	王小丫：村里日子怎么样，给大伙先说道说道，家里种多少亩地？	生活
7	王小丫，谭江海：都种啥？	工作
8	王小丫，谭江海：啥药呢？	工作
9	王小丫：那你平时都干啥呢？	生活
10	谭江海：您自己遇到了什么样的困难？	精神
11	王小丫：你拿它来干什么？有什么意义吗？	精神
12	谭江海：你带来了什么礼物？	精神
13	于洋：你将给农民朋友展示什么才艺、什么绝活，你的一套在哪里？	才艺
14	欧阳夏丹：这个缸有多沉？	才艺
15	于洋：一共大概承重多少斤？	才艺
16	于洋：困难到什么程度？	精神
17	欧阳夏丹：5000 万棵树，现在它们值多少钱？	工作
18	欧阳夏丹：你还有一副对联也说得特别地振奋人心，是怎么说的？	精神
19	姜超：爷爷，您今年高寿？	年龄
20	栗坤：我们看看他们的家什么样？	生活
21	栗坤：你们的生活有没有发生什么变化？	生活

表 2-3 中，指向参与者才艺的提问有 7 条，展示精神品质的有 5 条，询问生活情况的有 4 条，询问工作情况的有 3 条，询问年龄的有 2 条。不难看出，主持人对才艺展示方面的提问保证了电视综艺节目的娱乐性，让参与者的才艺得到了充分展示；同时也可以看出，情感线与才艺线并行，两者共同激发了日常生活经验，进而打动了观众的心灵。当然，一方面由于节目形式的限制，另一方面因为社会中下层农民话语权的缺失，农民没有提问的机会，这是“提问”话目显示出来的问题。

（2）重复（重述）：关于农民才艺的重复（重述）最多。重述是指参与者和主持人将对方表达的语义重新表述一遍[①]。第 1、2、16、17 期重述话目的分布如表 2-4 所示。

表 2-4　重述话目统计　　单位：次

期数	第 1 期	第 2 期	第 16 期	第 17 期	总计
重述次数	4	6	9	6	25
幽默效果	0	4	1	0	5
农民才艺重复	1	0	4	3	8

重复（重述）起到幽默效果的有 5 次，另外 20 次是以重复（重述）的方式表达对参与者日常生活经验的惊叹之情，分别是：才艺 9 次、工作 4 次、精神 3 次、年龄 1 次、生活 2 次，1 次无法归类。这 25 次重复中，有 8 次是重复社会中下层农民的才艺。节目通过重复（重述），强化了农民身份与高超才艺之间的反差效果，增强了社会对社会中下层农民身份的认同和肯定。

（3）请求：主持人是请求行为的主要发出者，社会中下层的农民请求行为完全没有。请求话目是参与者和主持人请对方做某种行为时所用的话目[②]（表 2-5）。

表 2-5　请求话目统计　　单位：次

期数	第 1 期	第 2 期	第 16 期	第 17 期	总计
请求总次数	4	8	3	4	19
社会上层次数	2	3	0	0	5
社会中下层次数	0	0	0	0	0
主持人次数	2	5	3	4	14

① 重述包含重复，但不等于重复，重复是话语形式的重复，重述是指语义上的重复。这里将两者合并起来分析。参见盛永生：《电视谈话节目主持话语的基本话目分析》，《暨南学报》（人文科学与社会科学版），2004 年第 4 期，第 97 页。

② 盛永生：《电视谈话节目主持话语的基本话目分析》，《暨南学报》（人文科学与社会科学版），2004 年第 4 期，第 94 页。

在一般节目中，主持人的请求行为较多，这样有利于主持人掌握节目的节奏。然而，在电视综艺节目中，请求行为一方面可以由主持人发出，也可以由参与者发出，这样可以为节目带来平等、轻松的交流氛围或娱乐效果。例如，第 1、2 期的参与者陈娟和曹津歌的请求行为：

于洋：再见！

陈娟：一定要学会啊……

于洋：（动作神态）

陈娟：掌声给他，他不唱。

曹津歌：阿宝哥哥唱完了，那我们肯定也要唱……

曹津歌：阿宝哥哥跳舞了，那我们也跳！我们边唱边跳，大家说好不好？

陈娟和曹津歌的请求行为体现了参与者的主动性，与主持人共同分享话语的权力，由此节目形成了平等、狂欢的娱乐效果，这有利于观众在轻松的娱乐氛围中形成情感共鸣，但明显不足的是，社会中下层参与者没有任何请求的话语权。再以第 17 期主持人栗坤与社会中下层农民"爷爷大山"的对话为例：

栗坤：来，给我们介绍一下！

"爷爷大山"甲：这幅画是一千多张照片连接起来的长江三峡的全景。

栗坤：那能不能给我们指一下你们的家在什么地方？

"爷爷大山"乙：我们的家，在这儿，这是三峡大坝的地方。

……

栗坤：来，给我们讲讲你们的新生活！

"爷爷大山"丙：现在就好了，现在我们再也不用背脚这样了，我们现在村村都通了公路。

上文显示，在第 16 期、第 17 期的节目中，主持人完全主导了交谈过程，参与者缺少请求行为，而且四期中社会中下层的农民参与者的请求行为完全没有，这都导致了节目缺乏互动、活力、幽默、戏谑的娱乐效果，也很难唤醒参与者的日常生活经验。

（4）建议：参与者的建议占一半。建议话目是主持人与参与者给对方出主意时用的句子[①]。各期的"建议"分布如表 2-6 所示。

① 盛永生：《电视谈话节目主持话语的基本话目分析》，《暨南学报》（人文科学与社会科学版），2004 年第 4 期，第 94 页。

表 2-6 建议话目统计 单位：次

期数	第1期	第2期	第16期	第17期	总计
建议总次数	5	7	2	4	18
参与者建议	5	2	1	1	9
社会中下层建议	0	0	0	0	0

表 2-6 显示，参与者与主持人的建议各占一半，其中，社会中下层的农民没有获得建议的话语权。参与者的 9 次“建议”如表 2-7 所示。

表 2-7 参与者的建议统计

参与者建议	说明
穆丹：玩一下试试呗	穆丹建议刘芳菲踢毽
穆丹：咱们找个观众上来试试吧	观众上场参与踢毽
陈娟：我们三个人一起来一首好不好？	陈娟、刘芳菲、于洋合唱
陈娟：要不要我们俩对唱一下？预备起	陈娟教于洋唱湖北民歌
陈娟：好，我来当男的，你当女的	陈娟教于洋唱湖北民歌
阿宝：咱们为了把分弄高点，让他们点	阿宝让刘芳菲队点歌
曹月影：《大海》，阿宝哥哥唱个《大海》好吗？	曹月影让阿宝唱歌
于洋队队员：你是队长，你进去吧	于洋进入缸里表演
于文华：我们一块儿送给观众朋友，好不好？	于文华等与观众互动

以上统计显示，“建议”体现了主持人和参与者、观众之间的互动，富有戏剧性，使节目不断掀起高潮。互动性与戏剧性使节目建构了一个娱乐狂欢的游戏世界，观众也在没有身份和地位差别的游戏世界中展现出内心的情感。然而，社会中下层的农民没有获得建议话语权。

（5）提名：社会中下层没有获得提名权。提名话目是表示诱发话步指向的子句，它指明了诱发话步的应答者，它通常由人名或姓氏加称呼充当①。例如，在第 1、2、16、17 期节目当中有 19 次采用了提名话目（表 2-8）。

表 2-8 提名话目统计 单位：次

期数	第1期	第2期	第16期	第17期	总计
提名总次数	6	6	3	4	19
社会中下层被提名	3	1	1	1	6

① 盛永生：《电视谈话节目主持话语的基本话目分析》，《暨南学报》（人文科学与社会科学版），2004 年第 4 期，第 93 页。

提名的主要作用是诱发话步的应答者，但对于《我们有 1 套》而言，19 次提名行为发出者中有 13 次是主持人，社会上层有 6 次，社会中下层农民没有获得提名的话语权。

在 19 次提名中，被提名的社会上层人物中有 12 人被直呼其名。例如，严荷芝、王茜华、阿宝、杨洋、乔建平、姜超、洪剑涛、小丫等，只有林永健被主持人谭江海称为“林老师”；被提名的社会中下层农民有 6 次，只有 1 次被直呼其名（主持人于洋提名“罗兰”）。提名显示了主持人与参与者之间没有主客之分，有利于营造一种平等、亲切、轻松的对话氛围。不过，对中下层农民的提名次数较少，直呼其名的则更少，这可能和主持人与他们的熟悉度不高有关，也与社会中下层农民的主动性没有被调动起来有关。农民参与的互动性相对缺乏。

（6）评论：肯定参与者的不平凡精神。评论话目是指主持人对参与者或社会上层的参与者对社会中下层表演者做出即时点评的话语[①]，具体分布如表 2-9 所示。

表 2-9　评论话目统计　　单位：次

期数	第 1 期	第 2 期	第 16 期	第 17 期	总计
评论次数	2	7	0	4	13
评点中下层才艺	0	7	0	2	9

盛永生认为，在谈话类节目当中，“评论话目也是主持人调节现场气氛、使语言表达幽默的重要手段”[②]。在《我们有 1 套》节目中，评论话目却主要用来评论参与者的才艺表演及其精神。其中，有 4 次是评论社会中上层的才艺表演，有 9 次是评论社会中下层的才艺表演。《我们有 1 套》的评论行为发出者主要是主持人或社会上层的参与者，评论并非为了发挥幽默功能，而是对社会中下层表演者的赞扬和认同，通过评论的方式，农民的新形象和新面貌获得了肯定，农民的主体地位在某种程度上得到了认可。

（7）帮助：农民的帮助次数占多数。在主持人和参与者谈话提供的信息基础上，主持人和参与者插话补充相关的其他信息，或者在谈话过程中某人出现语误或信息发出困难时，对方及时给予修正或补足，帮助对方完成话轮[③]，具体分布如表 2-10 所示。

①②③ 盛永生：《电视谈话节目主持话语的基本话目分析》，《暨南学报》（人文科学与社会科学版），2004 年第 4 期，第 96 页。

表 2-10　帮助话目统计　单位：次

期数	第 1 期	第 2 期	第 16 期	第 17 期	总计
帮助总次数	2	3	2	6	13
主持人帮助	0	0	1	3	4
社会上层帮助	0	2	0	1	3
社会中下层帮助	2	0	1	2	5

例如：

（1）刘芳菲：送温暖下乡。

陈娟：送戏下乡。　（第 1 期）

（2）谭江海：毫不夸张地说，你确实是厨师里头杂技表演得最好的。

康凯：我也是杂技里面做菜做得最好吃的。　（第 2 期）

（3）于洋：杨洋，就是我们这个新版红楼梦当中的……

杨洋：成年宝玉。　（第 16 期）

表 2-10 显示，社会中下层农民的帮助次数最多，其次是主持人，最后是社会上层参与者。可以说，参与者不再是作为主持人话语控制下的消极客体，而是具有平等参与意识的主体，尤其是农民的帮助行为最多，反映了农民具有一定的主动性。

帮助话目使节目具有现场感、戏谑感，具有较强的娱乐效果，也有利于话语交流更加准确。例如，上引（1），参与者陈娟修正了刘芳菲的话，使陈娟的活动介绍更加准确；上引（2），康凯的补充主要起到了幽默戏谑的效果；上引（3），补充了主持人未说完的话，使得整个对话顺利进行。

（8）陈述：总结参与者的优秀事迹和感人精神。陈述话目是主持人用以叙述或提出假设时所使用的话目[①]（表 2-11）。

表 2-11　陈述话目统计　单位：次

期数	第 1 期	第 2 期	第 16 期	第 17 期	总计
陈述次数	3	2	2	2	9
陈述社会中下层	1	1	2	2	6

例如：

（1）刘芳菲：阿石才一家呢是从大山里走出来的，小的时候一个很小的创

① 盛永生：《电视谈话节目主持话语的基本话目分析》，《暨南学报》（人文科学与社会科学版），2004 年第 4 期，第 93 页。

伤，因为家里无钱医治，阿石才左眼的视力就完全丧失了，即便在那段日子里，阿石才也没有灰心，在他的世界里有歌声陪伴，所以世界依然是五彩的。你的人生就像是歌曲一样，跌宕起伏，大起大落，唱歌对你来讲意味着什么？

（第 1 期）

（2）小丫：目光都特别温柔，觉得心里头舒坦、惬意才会有这样的目光，咱们村里这个日子怎么样？给大伙儿先说道说道，家里种多少亩地啊？

（第 2 期）

（3）欧阳夏丹：在挖煤的那段日子里才意识到人与大自然怎样来相处……往里面投了多少钱？

（第 16 期）

（4）栗坤：虽然听说您吃了那么多的苦，甚至为拍电影付出了很多的经济上的一些利益，付出了很多的时间，甚至险些付出了生命，但是您对电影依然是有梦想的，您的整个梦想到底是什么，能不能现在跟我们来分享一下？

（第 17 期）

陈述话目在四期节目中的分布相对平均，大多是在总结应答者感人事迹的基础上形成的。上引（1）总结了阿石才视唱歌如生命的精神追求；上引（2）陈述了农民的生活状态；上引（3）陈述了乔建平种树的重要意义，突出了他勇于付出的精神；上引（4）总结了王新全拍电影的艰辛，突出了他追求梦想的可贵精神。在主持人 9 次陈述中，有 6 次陈述社会中下层的感人精神，这些陈述突出了新农民的新风貌，将农民美丽和感人的内心世界展示出来，激发了观众的认同感。

（9）补充：补充次数相当少。补充话目通常附着于提问之后，是对提问的补充说明或提示性说明[①]，只有第 1 期出现 1 次补充话目，就此略过。

从整个话目来看，主持人和参与者的互动交往行为具备了哈贝马斯所言的话语交往的三个条件：话语的领会性、真实性、正确性和真诚性[②]。首先，主持人的“提问”和参与者的应答，以及主持人对参与者的“重复（重述）”和强调，一方面表达了肯定、赞扬、敬佩之情，同时也传达了参与者的言语真实性；其次，主持人和参与者的相互“帮助”“请求”“建议”体现了参与者的主体性，同时表明交往行为的真诚感；最后，主持人的“重复（重述）”和“陈述”行为，肯定和突出了参与者的才艺表演及感人事迹，这与社会期望一致，

① 盛永生：《电视谈话节目主持话语的基本话目分析》，《暨南学报》（人文科学与社会科学版），2004 年第 4 期，第 93 页。

② 哈贝马斯：《交往与社会进化》，张博树译，重庆：重庆出版社，1989 年，第 29 页。

从而使对话具有了正确性。《我们有 1 套》的话语交往行为具备了哈贝马斯的三个条件，奠定了交往行为的基础，这也是情感认同和共鸣的基础。

对于社会中下层农民而言，他们也能够以“帮助”的形式融入对话之中；同时，节目通过“重复（重述）”“评论”“陈述”“提问”的方式肯定农民的才艺表演、感人事迹及追求梦想的精神，从而认同、肯定和支持了社会中下层的农民身份，在一定程度上赋予了社会中下层一种主体性。不过，主体性的赋予和确立并不理想，从“提名”“请求”“建议”等话目来看，社会中下层农民并没有获得发出这些行为的机会和权利，而是处于消极被动的境地。后文将详述这一问题。

三、讲述故事：多重对话的一种补充方式

上文从社会层级交流的角度探讨了话语交流的方式，作为多重对话的一种补充方式，节目中还讲述了很多日常生活世界里的故事。故事讲述既是交谈的一种形式，是话题生成和交流的一种方式，又是体现主体性的一种形式。

美国学者麦基认为，从时间呈现的层面而言，所有的故事都是有情节的。情节按照事件的设计变化分为三种：大情节、小情节和反情节。麦基认为大情节即经典设计，是指围绕一个主人公而构建的故事，这个主人公为了实现自己的欲望，经过一段连续的时间，在一个连贯而具有因果关联的虚构现实中，与主要来自外界的对抗力量进行抗争，直到以一个绝对而不可逆转的变化而结束的闭合式结局。大情节表现为因果关系的闭合结构。小情节即最小主义，是指作者从经典设计成分起步，然后对它们进行削减，再对大情节的突出特性进行提炼、浓缩、削减或删剪，体现为简约精练的开放式结构[①]。以因果关系和闭合程度为标准，《我们有 1 套》第一季的 17 期节目中的大情节和小情节归纳如下（表 2-12）。

表 2-12　故事类型表

期数	故事	类型	数量/个	才艺表演
1	讲述严荷芝成长的过程	大	1	有
	王茜华讲述农民送水的事情； 阿石才讲述生病时唱歌的事情	小	2	有

① 麦基所言的反情节是强调事件设计重视巧合，打破线性，重视偶然的反结构形式。在《我们有 1 套》的综艺节目中，反结构体现不明显，主要是一种幽默戏谑效果，这里从简忽略。参见麦基：《故事：材质、结构、风格和银幕剧作的原理》，周铁东译，北京：中国电影出版社，2001 年，第 52-58 页。

续表

期数	故事	类型	数量/个	才艺表演
2	讲述亳州农民的生活状况	大	2	有
	彭伟叙述救灾经历			否
	林永健讲述喜根田的精神	小	1	有
3	讲述张欣怡学习戏剧的过程	大	1	有
4	张玉华讲述唤醒妻子的故事；王成科帮助弟弟学习的事情	大	2	有
	徐宏东讲述练习意大利语的片段	小	1	有
5	讲述王庚仕自办书屋的曲折过程	大	1	否
6	老年模特队讲述学习模特的历程	大	2	有
	李颖和张鹏讲述农民工的故事			否
	乔道金练习武术的故事片段	小	1	有
7	讲述陆永康奉献基层教育的经过	大	1	否
	袁成杰回忆农村的感觉；侍健康讲述买山练歌片段；唢呐家庭讲述表演深受欢迎的情况	小	3	有
8	金刚小石叙述学艺过程	大	2	有
	中国农业大学学生讲述发明过程			否
	南卫东讲述练习吹瓶子的事情	小	1	有
9	崔苗及其父亲学艺过程；青藏高原盲童的生活	大	2	有
	俏夕阳老年舞蹈队讲述心态的变化；赵君华讲述练习呼啦圈的故事	小	2	有
10	彭小龙学习泰拳；马青旺学习吹糖人	大	3	有
	热哈提大夫照顾新疆婴儿			否
11			0	有
12	讲述孙洪奎下乡放电影的故事	大	1	否
13	讲述北京打工夫妻的艰辛生活	大	1	否
	杨氏父子叙述父子关系；何萍叙述生活艰辛与自强过程；陕西一家人讲述支持弟弟学习的片段	小	3	有
14	讲述缴宝存养育五胞胎的故事	大	1	否
	牛莉和张国强讲述《牵挂》情节	小	1	有
15	三强讲述学习鼻技的过程；儿童武术队讲述学习武术过程及其理想	小	3	有
	讲述吴玉禄的发明			否
16	讲述罗兰坚持梦想的精神	大	2	有
	讲述乔建平的种树事迹			否
17	讲述王新全拍农民电影的过程	大	1	否
	“爷爷大山”讲述农村的变化	小	1	有
合计	总计 42；大 23；小 19			有 30；否 12

哈贝马斯认为，话语具有双重结构，分别为“陈述性的”和“以言行事”两个层面。话语的陈述性层面是指话语在语义学分析层面上所具有的信息、内容，也就是一个主体能说出含有意义并能被他者理解的句子；而以言行事则是用话语来做事，也就是说，通过话语交往建立人与人之间的关系。在此基础上，哈贝马斯将话语区分为两个层次。第一是主体间的水平。“在这个水平上，言说者和听者通过以言行事行为建立起达到相互理解的关系”。第二是陈述性内容的水平。也就说，这个层面是信息的，是可传达、能相互理解的。在这个层面上，言说者让听者了解、知道这些信息与内容。陈述性与以言行事虽然具有一定的独立性，但是它们之间并不能单独存在。话语的陈述性内容必须通过以言行事的方式才能得以固定，一个具体的话语是陈述性内容与以言行事成分的有机结合。①

上文分析的谈话话目，有的侧重于陈述性的信息传达和交流，有的侧重于故事叙述，以言行事，激发讲述者、观众、主持人之间的情感共鸣，形成认同、肯定、理解的主体间的情感共鸣。

以大情节中的乔建平为例。乔建平主要叙述了从事种树工作的原因、经过、结果。首先节目通过VCR，展示了他种树的艰难困苦和战胜这些困难的斗争精神。在谈话中，主持人通过“没人栽树，他栽树”的重述突出了乔建平的独特个性和不平凡精神，接着通过“两个亿”的重复，强调乔建平种树规模之大、付出之多；通过“2～30年，50个亿都不止”的重复突出付出之后的巨大回报和收获，体现了农民种树的经济价值；最后通过“但是这些钱都比不了我们的生态”的重述，使农民种树的回报由经济价值转向社会价值，乔建平的个人形象最终在社会价值的维度上获得了新的内容。在以上层层重述（重复）过程中，乔建平逐步被建构成可以召唤每一个普通观众的榜样。换言之，陈述性的重述（重复）建构了一个榜样。

事实上，在整个叙述过程中，故事发挥着以言行事的作用。通过故事讲述的方式，乔建平建立了与他人之间的主体间关系。例如，起初乔建平在VCR视频介绍他不怕艰难困苦执着种树的场景中上场，他哭了，哽咽得说不出话。此时，电视画面以特写镜头展现一位被感动得流泪的中年女性观众。言说者与听者能够获得共鸣的一个重要途径就是故事讲述作为一种话语，以言行事，在观众与乔建平之间形成了情感联系、情感共鸣和情感分享的纽带。乔建平的私人性精神追求经由话语讲述，发挥了以言行事的功能，从而获得了公共性。

因此，电视综艺节目的公共领域具有两个方面的存在形式：一是经由各种

① 刘晗：《哈贝马斯基于交往的话语理论及其规范问题》，《上海交通大学学报》（哲学社会科学版），2010年第5期，第63页。

话题的交流和对话形成的显在的公共空间；二是经由情感交流，以言行事，形成隐形的情感共鸣的公共空间。

第三节 “家”：个体参与的一种形式

莫利（David Morley）说：“在费利思看来，收音机将公共事务带进了家庭，不单只是将它使更多人知道而已。更重要的是，这等于是让人们涉入社区事务。诚如他所说，‘过去（及现在）让人感到高兴的是，就在扭开收音机时，你顿觉自己重要了起来。’这样一来，虽说在家中收听是‘非常特殊的一种公共参与形式’，它最重要的意义在于，人们参与国家社群的感觉，已油然升起。但当然啰，这样的国家社群已经过家庭的改造，它所提供的是特定种类的快乐，尤其是熟稔的快乐感觉……”[①]莫利讨论了西方文化语境下广播电视与家的关系，从物理空间层面揭示了个人通过家庭这一组织形式参与电视的快乐感觉；在中国文化语境下，家与电视的关系不仅存在着这样的物理空间，而且存在着一种文化意义，形成了中国电视综艺节目的一种东方文化形式。

一、“家”的呈现形式

冯友兰曾阐述了中国传统的家文化，“所有一切人与人的关系，都须套在家的关系中。在旧日所谓五伦中，君臣、父子、夫妇、兄弟、朋友，关于家的伦已占其三。其余二伦，虽不是关于家者，而其内容亦以关于家的伦类推之。如拟君于父，拟朋友于兄弟”[②]。在中国传统语境里，“家”既包括狭义上的关系，如父子、夫妇、兄弟等，也包括广义上的关系，如朋友、师徒（师生）、邻里等，这些内容都在电视综艺节目中得以呈现。另外，综艺节目呈现的“家”还包括了家庭成员组成的“家庭”形式、以家喻国的“国家”形式。

“父/母子/女”形式，即以父子/女或母子/女的搭档形式参与节目。例如，第 9 期崔苗与其父亲叙述妈妈的纺纱车，并共同演唱歌曲。

“夫妇”形式，即以夫妻搭档的形式参与节目。例如，第 11 期小沈阳和妻子沈春阳共同参演节目，表演二人转《包公断后》。

“兄弟”形式，即以兄弟姐妹搭档的形式参与节目。例如，第 8 期的金刚玉石的龙凤胎兄妹表演龙凤茶艺，妹妹对哥哥说：“因为哥哥比较淘气一些，我就只想做好女儿，懂事乖巧一些，就是说只想在家里大事由男人来承担，我虽

---

① 莫利：《电视，观众与文化研究》，冯建三译，台北：远流出版事业股份有限公司，1995 年，第 398 页。

② 梁漱溟转述了冯友兰的论述，参见梁漱溟：《中国文化要义》，上海：上海人民出版社，2005 年，第 28 页。

是女孩儿，但希望自己在家里能分担一些就分担一些，希望哥哥别淘气，加油！”

“朋友”形式，即其他人以参与者朋友的身份参加节目表演。例如，第 1 期主持人刘芳菲说：“让我们在祖国四面八方的朋友共同来分享这份丰收的喜悦。”《我们有 1 套》节目会比较宽泛地使用“朋友”一词，故此，在讨论中我们将忽略这一形式。

“师徒”形式，即以师徒关系的形式参与节目。例如，第 7 期叙述陆永康事迹之后，陆永康老师说：“我的全家到北京来了，爱生如爱子。”

“邻里”形式，即以邻里搭档的形式参与节目。例如，第 7 期，主持人董卿对曹可凡说：“其实咱俩以前是同事，是搭档，而且又是老乡，老乡见老乡应该是什么来着？两眼泪汪汪。”

“家庭”形式分为两种：一是全部家庭成员集体参与节目，共有 11 次，如第一季第 1 期，原生态表演者阿石才一家展现了阿石才、妻子与女儿小蜜花的和谐关系及多才多艺、热情好客的精神风貌；二是每期节目结束时以“全家福”照为形式展现出来，共有 17 次，如第 9 期结尾，主持人赵普说：“这个时候啊再问输赢已经不重要了，最后让我们照张全家福吧……一二三，全家福。”

“国家”形式指的是将“国家”比喻为“家”，以“家”的形式比喻民族关系。例如，第 1 期主持人说：“感谢海峡对岸的同胞对农业的支持，这些果实有我们的一半，也有他们的一半，用民歌感谢台湾同胞的辛勤付出。”

下面以《我们有 1 套》第一季为例，进行统计学的归纳分析（表 2-13）。我们区分了“家”的两种存在情况：一是直接参与节目的“在场”；二是采用现代传媒手段呈现的“在场”。

表 2-13　“家”在各期中的分布表　　单位：次

类型 期数	父/母子/女		夫妇		兄弟		朋友		师徒		邻里		家庭		国家	
	在	否	在	否	在	否	在	否	在	否	在	否	在	否	在	否
1							1						2		1	
2											1		1			
3	1												4			
4			2			1							1			
5													1			
6		1											2			
7			1						3		1		2			
8		1			1								1			
9	2	1											1			
10		1											2			

续表

类型/期数	父/母子/女		夫妇		兄弟		朋友		师徒		邻里		家庭		国家	
	在	否	在	否	在	否	在	否	在	否	在	否	在	否	在	否
11			1						1				1			
12													1			
13		1	1										3			
14		1	1										3			
15													1			
16								1					1			
17											1		1			
总计	3	6	6	0	1	1	1	1	4	0	3	0	28	0	1	0

表 2-13 显示，第一季第 1～17 期节目中，“家”的形式总共出现了 55 次，在场 47 次，不在场 8 次。其中，家庭形式 28 次，父/母子/女形式 9 次，夫妇形式 6 次，师徒形式 4 次，邻里形式 3 次，兄弟形式 2 次，朋友形式 2 次，国家形式 1 次。“家”在节目中呈现的形式多样，它是节目展开对话交流的一种重要形式。“家”的成员、“家”与“家”之间、他人与“家”之间的交流和对话，不仅形成了各种话题，而且促进了个体的讨论由私人性走向公共领域。个体参与因为“家”的形式获得了公共性，节目也借“家”的形式建构了一个独特的情感共鸣的空间。家文化成为电视综艺节目建设平民公共领域的一种文化元素和表现形式。

二、“家”与电视综艺节目的“公”和“私”

李亦园说：“对中国人来说，家的意义又比别的民族更大了，中国人几乎可以说是‘家的动物’，而中国文化也无妨称为‘家的文化’。”[①]李亦园从人在家族中的角色、价值谈论家的意义。如果说中国文化是“家”的文化，那么电视综艺节目中的中国文化也离不开“家”的文化元素，事实上也是如此。“家”成为表现个人与群体之间关系的一种载体，成为个体走向公共空间的一种参与形式。

“家”如何激发个体间的对话和交流？“家”如何形成一个保存于“私”又落脚于“公”的情感空间？下面探讨这些问题。

1. 个体参与和“家”

“家”在个体成员进入公共空间之时，就已经为话题讨论提供了一个初级的、

① 文崇一・萧新煌：《中国人：观念与行为》，南京：江苏教育出版社，2005 年，第 85 页。

相对较小的公共空间，然后形成了无数个小的公共领域叙述，进而建构了高一级的、较大的公共领域。

以第一季为例。例如，夫妇形式：张玉华夫妇（第4期）、赵本水夫妇（第4期）、小沈阳夫妇（第11期），探讨了夫妻关系的话题。

父/母子/女形式：第8期的金刚石叙述父亲的关心，父亲通过VCR鼓励他成为一个男子汉；第10期的江尔·热哈提大夫与新疆儿童的对话，表达出母爱的主题；第13期的一对北京打工夫妇与留守儿童的对话，表达了儿童对父爱和母爱的渴望。

兄弟形式：第4期王成科与弟弟的对话、第8期金小石与金刚玉石的对话，阐述了兄妹间互相鼓励和关爱之情。

家庭形式：第5期王庚仕家人关于自办书屋的不同态度；第12期孙洪奎家人围绕下乡放电影发表不同的看法；第14期《牵挂》剧组以家庭成员形式阐述了“牵挂”的内涵。

“家”的个体成员之间的对话和交流，不仅将日常生活经验带入初级公共空间的讨论之中，而且无数个这样的公共领域的叙述，也就是无数个“家”的话题讨论，为形成高一级、相对较大的公共领域做准备。这样，节目的公共领域议题不仅置于日常生活经验之中，而且议题呈现多元化，如人生、价值、情感等日常生活经验丰富了公共领域的话题，同时个体关于日常生活经验的观念、认识、看法通过“家”的初次讨论，获得了他者的情感共鸣，从而超越了“私人性”，走向公共领域。

2. “家”作为介于个体与集体之间的组织

就家庭成员对外交流来看，节目中“家”的呈现形式既不代表单纯的个体存在，也不是忽视个体存在的集体主义，而是一种介于两者之间的集合形式。也就是说，“家”既保存了个体的主体性存在，又超越了个体的私人性，表现出一定的公共性。“家”的形式为个体参与公共领域提供了一个较为广阔的自由空间。例如：

谭江海队口号：家有一宝，赛过一宝，我们个个都是宝。

（第2期）

高博：孙子辈儿有了，奶奶辈儿有了，王筝太太的角色，你扮演太太的角色，我就当仁不让了，在这个家庭里，我是什么位置你也能看得到。

高博队口号：大家小家我们一家，大人小孩我们全赢。

英子队口号：五湖四海皆兄弟，组成一家定胜利。

（第5期）

董卿：其实咱俩以前是同事，是搭档，而且又是老乡，老乡见老乡应该是什么来着？两眼泪汪汪。

（第 7 期）

在第 2 期，谭江海的口号赋予了“家”以公共性，同时又突出人人是宝的个体价值；第 5 期，高博对自我位置的认定突出了个体存在的价值，但“大家小家我们一家”又将个体存在引入到与他者共同存在的集合当中；第 7 期，董卿强调了同事和搭档的身份，显示了个体的独立存在，同时“老乡”的泪眼汪汪又展示了个体与他者之间的密切关系。不难发现，参与者在“家”的形式下，既保存了个体存在的私人性，同时又获得了与他人紧密联系的公共性，进而在私人性与公共性之间进行身份和价值的转换。

另外，私人性与公共性的相互转换离不开比赛机制的促动。节目将参赛者分为两个家庭形式，由主持人带领，两家进行比赛，比赛成绩与芝麻树联系起来。按执行导演的话来说，用芝麻树，是为了在这个金秋的丰收季节取其“芝麻开花节节高”之意。两位主持人带领两个家庭进行快乐大比拼，最后给观众带来欢乐多的家庭，它的芝麻树就会首先开花结果，获得“快乐之队”的称号。比赛的形式提升了“家”的公共性。例如：

王小丫：阿喜来了，阿喜来了，你一定要记住啊，你不是一个人在战斗，你是代表着咱们广大的农民朋友。

林永健：是。

王小丫：你看看刚才那表演，有压力吧？

林永健：我看了之后很感动。因为我曾经演过一个电视剧，叫“喜耕田的故事”，演的就是一个农民，喜耕田这个人物，虽然是一个农民，但是他有一个大的情怀。

（第 2 期）

李解：可是队长，我不知道你为什么第一个选我呀？你看，中国有句古话叫“扶老携幼”，对吧？老幼，我们这代人正是壮年的时候，一家之主的时候，你说我跟孩子……

（第 3 期）

比赛的环节促使个体成员为“家”的荣誉而战，同时又促进了“家”与“家”、“家庭”成员个体之间的互动交流，有利于话题的生成。林永健对农民的理解将个体情感上升为生活本质，李解将个体存在置于“家”之内，虽然未能上升为集体主义，但也激发了日常生活经验，即人至中年时的家庭责任问题，从而超越了“私人性”这一限制。

此处的“家”成为认同个体、保存个体的“私”的组织。同时，个体进入

“家”，为“家”的荣誉和前途而比赛时即已超越了“私人性”；但这个“家”又不同于集体主义组织对个体地位的忽视，它既充分激活了个体，确保个体的独立存在，又超越了“私人性”，获得公共性。“家”的这种形态与主持人的引导是分不开的。主持人采用比喻的方式，赋予了节目以“家”的形式，赋予了个体以“家”的成员身份。在中国传统文化中，“家”原本具有浓厚的“私人性”，但在主持人的引导下，“家”被赋予了一种公共精神。

总之，“家”提供了成员认同身份的机会，形成了超越个体又不同于集体主义的组织。参与者可以在“私”与“公”、自我与他者之间自由转换，“家”成为这种转换的空间的一种形式。

3．家文化与建设平民公共领域的可能性

有学者以家文化为视角探讨了公共参与问题，在论者看来，家文化与平民公共领域的结合具有必然性，家文化当中的泛家族主义的公共精神、社团化的家族自治、包容式的个人主义都是家文化中促进公共参与的积极因素①。这些相关文章论证充分，富有启发意义。对于电视综艺节目而言，家文化同样具有促进其建设平民公共领域的内在特质，体现如下。

其一，“家”已经成为电视综艺节目的一个中国化元素。中国电视综艺节目无法脱离中国文化语境，平民公共领域的建设也无法回避中国文化的影响。如今很多电视综艺节目将“家”作为激发话题、展开对话的一种形式，第三、四章将要分别讨论的《超级女声》的支援形式、《中国达人秀》的一些话题都与“家”有关。

其二，“家”打破了集体主义与个人主义的二元对立关系，符合当下中国主流价值观的发展趋势。《我们有1套》节目中呈现的“家”，其承载的不仅仅是集体主义精神，也不仅仅是作为个人主义的附着物，而是一种集体主义的碎片、个人主义的凝聚物，它打破了集体主义与个人主义二元对立的关系，是包容了个体的主体地位又超越了“私人性”的集合，前文的论述已经表明了这一点。需要强调的是，这样的参与形式是当代中国电视综艺节目的积极探索，体现了中国民间文化的影响。本章开篇就提及了冷淞的反思：“如何正确利用电视综艺节目这个老百姓喜闻乐见的柔性舆论工具，在满足当代电视观众欣赏品位日益多样化的基础上，宣传好中国特色的价值观和世界观？”我们认为，“家”的形式无疑是老百姓喜闻乐见的一种形式，它在确认个体价值的同时强调对他者的关注，这有利于人与人之间的对话和交流，有利于节目追求自由的、善的生活。例如，尊老爱幼、诚实守信、勤劳善良、互助友爱等。电视综艺节目通过“家”的形式在此方面进行价值建构，有利于发挥柔性舆论工具的功能，

① 戴烽：《家文化视角下的公共参与》，《广西社会科学》，2008年第4期，第199-201页。

同时又不会压制个体自由价值的存在。

其三，“家”的形式有利于情感交流、共享。上文的分析表明，《我们有1套》进行情感交流和共享的主要特征在于榜样的“召唤”，进而达到认同和共鸣，“家”的形式则强化了召唤和共鸣的力度。社会上层和社会中下层的对话与交流多以“家”的情感关怀为落脚点，如第一季第5期王筝演唱《我们都是好孩子》烘托的是父子关系，第6期王宝强对乔道金的认同体现了兄弟般的情谊，第9期陈宝国叙述青藏盲童的故事体现了强烈的父爱，等等。可以说，“家”的形式有利于参与者开展交流和对话，有利于调动观众内心原始的“家”的情感，进而分享他者的体悟。

有学者指出，在对家族的认知方面，中国人的家族主义主要是强调五种互相关联的事项，即家族延续、家族和谐、家族团结、家族富足及家族荣誉。在对家族的感情方面，中国人的家族主义主要有六种互相关联的感觉：一体感、归属感、荣辱感、责任感（忠诚感）及安全感；在对家族的意愿方面，中国人的家族主义包含八种行为倾向，即繁衍子孙、崇拜祖先、相互依赖、忍耐抑制、谦让顺同、为家奋斗、长幼有序及内外有别[①]。当然，在当代社会中，这些“家”的认知和情感有的消失了，有的旧瓶装新酒，但其大多数内容仍然能够激起受众的情感认同、分享乃至共鸣。可以说，家文化是情感认同和共享的一种重要形式，也是建设平民公共领域的一种文化形式。

第四节　《我们有1套》的平民公共领域建设问题

本章第一、二、三节以《我们有1套》第一季为个案，探讨了中国电视综艺节目在建设平民公共领域方面的探索和努力。但是，《我们有1套》节目在建设平民公共领域方面还存在一些需要完善的地方。

一、未能突破收视率藩篱，弱势群体的关注度有待提高

《我们有1套》引进了很多著名演艺人员团队，极大地提高了节目的收视率。根据笔者调查，《我们有1套》贴吧从2010年9月2日节目开播到2010年9月30日第一季结束，共发表112个主题帖，其中共有58个关于著名演艺人员的主题帖，所占比例为51.8%。统计显示，网民对著名演艺人员的关注度相对较高[②]。《我们有1套》的节目主持人也呈现出著名演艺人员化趋势，组成“著

① 杨国枢：《中国人的心理与行为：本土化研究》，北京：中国人民大学出版社，2004年，第93页。

② 事实上，著名演艺人员身上可以生成很多话题，但这些话题远离平民大众的日常生活经验，无法成为平民公共领域的话题。因此，著名演艺人员关注度虽高，但在平民大众那里生成议题的能力很大程度上降低了。

名演艺人员团队”。节目官方网站对此做了调查，自2010年10月18日至2011年1月11日，共有118 757人参与“最佳主持人搭档”的投票，共获得有效票数116 817张①。正如有的学者所言，“我们每天都被大众传媒上有关著名演艺人员的消息所包围，著名演艺人员的一举一动已进入了我们的生活。反过来，对著名演艺人员的消费，成为我们生活中一股难以抗拒的时尚潮流”②。“著名演艺人员团队”对于提高节目人气和收视率具有重要的作用，这对于备受地方卫视竞争压力之苦的央视综艺节目而言，无疑是一场及时雨。但反过来看，“著名演艺人员团队”的策划表明《我们有1套》节目依然深受收视率之苦，并没有真正将节目重心转向农民日常生活世界的表现上。

有学者撰文质疑中国电视收视率样本的科学性，“就我国的收视率调查本身而言，它是有城市化倾向的，收视调查的所谓受众主体是指具有购买力的城市观众，即市民阶层，而农民、城市里的民工等弱势群体都被排除在收视率之外，因为他们并不具备购买力。这是典型的媒介歧视，而目前的收视率调查结果则是强化这种歧视”③。收视率的城市化倾向显然不符合公共领域的建设，不利于反映弱势群体的声音。有人将收视率与公共领域建设联系起来认为，“收视率反映的自然是非主流文化人群的需求，亚文化状态人群的需求，而且是他们在非公共领域的个体非理性需求。而任何一个社会都需要精英导向，文化越落后、经济越贫困的社会，越需要精英导向。我们的收视率是这样一种结果，而我们拼命地要跟着这个收视率去追，这是什么导向？在这种状态下，目前中国电视的主流意识形态，事实上是传播非主流，导向无意识。”④这些对收视率的批评发人警醒，但从文化层面将收视率与非公共领域联系起来，强调的是精英文化与公共领域的舆论导向，这实质上是一种精英主义文化立场，而这样的公共领域很有可能将社会中下层包括底层人民从电视公共领域中排除掉。

我们认为，当代中国电视公共领域建设的一个重要问题是，电视是否反映了社会中下层及弱势群体的声音，是否成为他们表达心声的平台，而不是在收视率的欢呼声中遮蔽或忽视社会公共利益的问题。

《我们有1套》重视收视率，无疑是电视产业化的结果，是电视产业走向市场过程中的一个正常现象。但问题是，提高收视率与反映最广大受众的心声、满足最广大受众的文化需求之间，是否存在正向的关系？

表2-1显示，第一季社会中下层（包括社会底层）人数只占到节目总参与人数的42.5%，社会上层（包括社会中层）的占有率达57.5%，显然社会上层

① 中国网络电视台：《我们有1套》，http://app1.vote.cctv.com/viewResult.jsp?voteId=1749。
② 张小争、郑旭、何佳：《明星引爆传媒娱乐经济》，北京：华夏出版社，2005年，第31页。
③ 时统宇：《“这收视率，假得很，也黑得很”》，《视听界》，2010年第5期，第115页。
④ 尧风、钱践：《收视率再批判》，《现代传播》，2006年第3期，第3页。

比例高于社会中下层；而且社会上层的优势也体现在节目期数上，图 2-1 显示，17 期节目中，社会上层人数有 11 期比社会中下层人数多，4 期少，2 期相同。图 2-2 显示，少数民族身份分布也不均衡，少数民族尽管得到节目的关注，但显然不够充分；从话目的分析来看，社会中下层没有获得发出“提问”“请求”“建议”“提名”等行为的权利和机会，这说明社会中下层的主体性还没有真正发挥出来，他们参与节目的积极性、平等性还未能体现出来。这些都说明，《我们有 1 套》过多引入了著名演艺人员，对社会中下层的关注不足，这在一定程度上违背了节目创办的初衷与主旨。《我们有 1 套》第三季“让爱住我家”，在关注弱势群体方面有所改进。例如，2010 年 11 月 3 日的节目中有五对夫妇参与：“袖珍夫妻”朱洁和秦学士、“拉丁恋人”李珍华和王晶、“魔术夫妻”秦鸣晓和姚金芬、用歌声唤醒植物人的老夫妇、担任嘉宾的付笛声和任静。在五对夫妇中，中下层家庭有两对，所占比例为 40%，对社会中下层的关注依然不够充分。因此，关注中下层乃至底层的生活世界仍是摆在电视综艺节目面前的重要问题。

建设电视综艺节目的平民公共领域，意在加强人与人之间的对话和交流，就当下而言，最重要的是将弱势群体的生存状况及其声音反映出来。我们应该大力发掘民间艺术，提高社会中下层人员的参与比例，传达他们的呼声和愿望，拓展社会中下层与社会上层的对话渠道，真正做到以人为本。

二、重视榜样的“召唤”力量，缺少差异性观点的生成

阿尔都塞认为，主体性是通过意识形态国家机器的“召唤”或者“询唤”，进而屈从于意识形态，将自己“想象”为自己所认同的对象，并依照想象性对象去行动①。作为意识形态国家机器之一的电视媒介，同样可以通过召唤发挥其意识形态功能。阿尔都塞的“召唤”理论可以为反思《我们有 1 套》节目的问题提供视角。

本章第一节的阐述表明，社会上层和社会中下层对话的一个方式就是通过社会上层的榜样力量，“召唤”社会中下层追求梦想，进而包容、肯定社会中下层的主体地位，主流价值观与个体价值通过“召唤”融为一体，主流价值不断建构着个人的价值理想，个体的价值追求也具体化了主流价值观。这种“召唤”可以从三个层面来看。

其一，就召唤的主体而言，他们通过自身的努力和成功，鼓励、肯定社会中下层的梦想和追求，但对社会中下层自身存在的问题缺少批判性反思，“俯

① 阿尔都塞：《哲学与政治：阿尔都塞读本》，陈越编译，长春：吉林人民出版社，2003 年，第 361-364 页。

就”社会中下层。

其二，对于社会中下层而言，他们似乎在社会上层建构的想象性图景中肯定自己的努力，对社会上层的成功缺少怀疑精神。

其三，社会上层和社会中下层的对话，均对实现梦想的相关社会问题缺少反思和批判。例如，《我们有 1 套》第一季第 2 期，对表演五禽戏的安徽亳州农民进行了宏大叙事，从而表现出他们乐观、自信、幸福指数高的新时期农民精神，社会上层的林永健认可、肯定、赞扬了他们的精神面貌，但节目在积极建构主流价值观的同时却遮蔽了社会上的其他问题。

召唤与被召唤的关系在肯定与被肯定的过程中确立了，然而不管从哪一个方面来看，节目在表现新农村、新农民形象的过程中，过多重视榜样的“召唤”力量，缺乏批判精神，尤其缺乏关于新农村、新农民的多元声音，这显然不利于公共领域的话题生成、交流和对话。尤其是榜样在“召唤”的过程中有可能压制了社会中下层的真实心声。因此，榜样的“召唤”不仅要强调认同关系，还要重视差异观点的捕捉，正如张锦华所言，媒体所提供的“公共领域”不应仅从“自由、理性与公开”的品质来看，更必须呈现弱势群体的差异观点，以免造成对弱势群体观点的排挤与贬抑[①]。如果节目只热衷于主流价值观的建构，而缺少差异性、多元化观点的激荡和碰撞，那么节目最终也会丧失内在生命力，逐渐走向单调和枯竭。

《中国达人秀》第二季在这个方面有所突破和尝试。例如，“波波打假”等对社会丑恶现象的批判，不仅有利于生成公共话题，而且有利于增强节目的可看性、趣味性。这一方面将在第四章详述。

公共领域需要批判精神，电视综艺节目建设的平民公共领域追求的是一种自由的、善的生活，侧重于情感的交流、分享、共鸣，但自由的、善的情感交流和分享是建立在多元观点的重叠、差异、趋同的基础上，然后经过情感交流和话题讨论，最终达成一种共识。

三、小故事叙述少，缺乏多元化议题

日本学者水越伸在阐述数字媒介与公共领域的关系时指出，“我们市民要以主体身份参与到媒介实践活动中去，谱写出一个个小的故事来，并使之维持、发展下去，尝试着在无数个小故事的相互重叠与相互连接中建构公共领域”[②]。水越伸强调，要通过无数个小故事的书写、连接、重叠，促使每个市民以主体的身份积极参与到公共领域中，并发出自己的声音，在多元声音之中采用微观

① 张锦华：《公共领域、多文化主义与传播研究》，台北：正中书局，1997 年，第 185-187 页。
② 水越伸：《数字媒介社会》，冉华、于小川译，武汉：武汉大学出版社，2009 年，第 155 页。

叙事的方式抗拒国家与大型媒介资本的权力，建构公共领域。水越伸的“小故事”观点是建设公共领域的一种策略，这对于我们考察《我们有1套》的平民公共领域建设有一定的启示意义。

表2-12显示了两种故事类型，其不足之处在于，“大情节”的宏大叙事过多，“小情节”的比重不足。表2-12显示，有23次大情节叙事，19次小情节叙事，在所有42次叙事中，有12次是未展示任何才艺的单纯叙事。

大情节叙事的优点在于故事的来龙去脉相对完整，对观众的感染力较强，相反，小情节叙事则情节简单，叙事时间短，对观众的感染力相对较弱。但对于电视综艺节目的平民公共领域建设而言，小情节叙事能够更多地反映出不同参与主体的声音，无数小情节叙事的相互重叠、连接有利于形成多元化、差异化议题。同时，小情节叙事比较容易和娱乐结合起来，大情节叙事尽管具有独立的、相对完整的叙事情节，但难以穿插于娱乐表演之中。表2-12显示，未展示任何才艺而直接叙事的12次中，有11次属于大情节叙事，这表明大情节叙事容易将故事与表演割裂开来，造成节目充斥着主流价值观的说教，缺乏娱乐氛围。

总之，对于电视综艺节目的平民公共领域建设而言，应积极拓展弱势群体参与渠道，关注弱势群体的真实声音。同时，在榜样的“召唤”过程中将视角转向更加广阔的生活世界，展现差异性和批判精神。另外，节目要多一些小情节叙事，增强节目的娱乐氛围。

第三章　支援与电视公共性：以湖南卫视《超级女声》为例

达尔格伦认为，电视产业化是考察电视公共领域的一个重要维度，电视作为一种产业是在电视组织机构、职业化的操作及政治经济的综合作用下形成的[①]。他认为，讨论电视公共领域离不开电视产业化问题，同样，电视综艺节目的公共领域建设也离不开电视产业化的推动。本章以《超级女声》为例，首先分析中国电视在政府规制、商业利益之间的生存状况，以及电视产业化对公共领域建设的影响，然后探讨电视产业化在公共领域建设方面有待完善的地方。

第一节　产业化运作、政府规制与节目制作方"能做的"

杨宏说，中国电视产业发展过程中，许多过去"不能做的"转变为了"能做的"，同时，即使在有许多"不能做的"的情况下，"能做的"也得到了充分的运用[②]。用这句话来描述如今中国电视的生存空间非常贴切，尤其在政府规制与商业利益之间，电视产业既带着"镣铐"跳舞，但也获得了一定的"能做的"空间。

一、"不能做的"：政府规制与《超级女声》

中国电视产业化是在政府规制之下逐步发展的。从1979年国家允许媒体经营广告、1983年全国广播电视工作会议提出"多种经营，广开财源"、90年代后全国电视台开始推行制片人制度，到2004年国家广电总局提出《关于促进广播影视产业发展的意见》，直至2009年《文化产业振兴规划》，电视产业化发展不断获得新的发展机遇，但同时国家规制也从未停止过。正如有的学者所言，如果说我国的电视产业化多多少少借鉴了西方国家电视商业化思路的话，那么这些国家所遇到的问题也是我们在前进的路上需要注意的。在这个意义上，区

① Dahlgren P. Television and the Public Sphere: Citizenship, Democracy and the Media. London: Sage Publications, 1995: 26.

② 杨宏：《广播电视产业发展论》，成都：四川大学出版社，2005年，第259页。

别电视产业化和电视商业化两个概念就有着格外重要的意义。两者对电视的推动都借助了市场的力量，但是产业化意味着在一定程度上借鉴商业化而不完全屈从于商业的逻辑[①]。不完全屈从于商业逻辑的力量来自政府规制，电视产业化概念本身包含了政府规制与商业化的双重内涵。对于电视综艺节目而言，《超级女声》既是中国电视产业化发展的一种尝试，也是中国电视努力突破现有体制束缚的开端。

《超级女声》的产业化运作主要由天娱传媒公司承担。天娱传媒原董事长王鹏在接受采访时说：

湖南卫视在天娱公司不占股份，我们是一个非常纯粹的商业合作伙伴关系。比如《超级女声》，湖南卫视是播出平台和制作方，我们投入品牌。我们现在还是投入期，我并没有指望从《超级女声》节目上去赚钱。我们以后再与其他电视台合作，也是这种方式，因为广告是传统电视媒体的命根，你不应该去剥夺它的权利。实际上，天娱传媒也可以把湖南卫视换成所有卫视，比如东方卫视。我们成立的初衷不是为湖南卫视，不然也不会在湖南之外的地方注册，我们希望能和中国所有的电视台一起做一些事情。合作模式是，天娱传媒创造一个软件，交给电视台。比如，我们设计了《超级女声》一整套的软件过程，甚至是灯光和舞美，而我可以拿着这个东西与湖南卫视合作，也可以与东方卫视合作。[②]

天娱传媒没有吸纳湖南广电集团本身已有的利益和资源，与湖南卫视之间只是一种合作关系，在王鹏看来，天娱传媒的组建是对传统体制的一种小的突破。不过，天娱传媒是由湖南娱乐频道绝对控股的国有股份制企业，湖南广电集团又全权控股湖南娱乐频道，因而《超级女声》的产业化模式在某些方面必然会受到政府的规制。

周亭认为，在西方对政府规制的研究中，有两种理论范式占主导地位。一是公共利益论，这一理论强调政府规制是从公共利益的观点出发，纠正在市场失灵情况下发生的资源配置的非效率性和分配的不公正性，是以维护社会秩序和社会稳定为目的的；二是部门利益论，该理论解释的政府规制为，把持政府规制政策的人经过讨价还价达成了协议，但是在这个过程中，被规制者可能会占据上风，因为他们在政府规制中所具有的巨大经济动力量会比一般消费者或者政府机构更多地影响规制的决策。不过，在许多对传播政策的研究中，可以同时看到以上两种理论的身影。[③]以《超级女声》为代表的电视综艺节目在政

① 陈一：《中国电视产业化的几点反思：基于传播政治经济学视角的思考》，《声屏世界》，2009 年第 11 期，第 16 页。

② 杨琳桦：《“造星者”王鹏：“超级女声”我们真的没赚钱》，《21 世纪经济报道》，2005 年 8 月 22 日。

③ 周亭：《中国电视娱乐产业研究：一种生产者的视角》，北京：中国广播电视出版社，2010 年，第 134 页。

府规制的背景下，同样面临这两种理论的共同影响，这需要我们研究《超级女声》在实践中哪些是“能做的”，哪些是“不能做的”。

“不能做的”，也就是政府对《超级女声》的规制和要求，涉及的主要是公共利益和国家意识形态，纠正市场的一些弊端。《超级女声》的政府规制主要分为两类，如下 。

一是国家广电总局（现国家新闻出版广播电影电视总局）下发的针对《超级女声》的各种批文[①]。《领秀中国》一书中对政府规制进行了描述：

2005《超级女声》谢幕之后，国家广电总局连发两份通知。一份是 2005 年 11 月以明传电报方式发布通知，规定国内广播电视播出机构举办、播出跨区域性赛事活动需报总局审批。另一份是 2006 年 3 月 7 日总局再次公开发布的《关于进一步加强广播电视播出机构参与、主办或播出全国性或跨省（区、市）赛事等活动管理的通知》（以下简称《通知》）。去年的《通知》重点解决相关赛事‘能不能办’的问题，第二份《通知》以禁令方式具体规定了赛事‘怎么办’的问题。在国家广电总局连发两个限制规定之后，外界都为 2006 年的《超级女声》能否如期启动捏了把汗。3 月 31 日下午，湖南卫视终于向媒体透露一个振奋人心的信息，2006《超级女声》的比赛终于获得了广电总局的批文。《广电总局关于同意湖南电视台举办〈超级女声〉活动的批复》规定：参赛选手年龄必须在 18 周岁以上。这就基本上将中学生拒之门外。湖南卫视对 2006 年的‘超女’采取了一系列变脸措施，其中包括对选手年龄做出限制，不再实行‘零门槛’，以避免低龄选手参赛。报名规则：18 岁以上、未签约、学生只能在周末报名。

2006 年国家广电总局对于评委点评环节也做出了专门规定，评委点评要实事求是、积极健康、平等善意，不搞不切实际的吹捧，不搞令参赛选手难堪的责难，不以非理性的褒贬来取代知识性的引导。2006 年湖南卫视会对评委做出调整，提出要求不允许发表苛刻言论。评委主要由大家喜欢的歌手、音乐制作人、音乐教育专家等组成提出要求，是具有权威性、专业性和良好艺德、广泛社会影响的人。评委的点评实事求是、平等善意。从现场来看，虽然多数时候点评的言论不再尖刻麻辣，但是，对于选手的评点则更为细致。[②]

以上引文表明，湖南卫视在政府规制下只能接受这些行政命令，这些行政规制是《超级女声》“不能做的”。湖南卫视根据文件采取措施，重新进行了节目赛程设置，同时在报名年龄、评委点评等方面做了调整。在这种情况下，

---

① 本章引用的各种文件参见国家新闻出版广播电影电视总局网站，http://www.sarft.gov.cn/manage/ publishfile/35/3639.html。这里引用当事人公开的著述资料，意在感受主办方对政府规制的看法。

② 王云峰、朱志成：《领秀中国：湖南卫视娱乐品牌全接触》，长沙：湖南人民出版社，2006 年，第 109-115 页。

《超级女声》符合了国家意识形态建构的需要，也兼顾了社会公共利益，因而节目受到国家广电总局的好评：

> 对2006年五大唱区的评委点评，外界几乎异口同声，用‘稳中有辣’来评价，这样的点评既有利于选手提高，又使选手容易接受。国家广电总局《收听收看参考》第7期也对2006《超级女声》的评委进行了肯定：湖南台‘超女’评委态度诚恳、认真、实事求是、表现善意。除此之外，值得一提的是点评非常艺术和巧妙。他们采取不同方式告知选手是否通过或被淘汰，体现了评委成熟、稳重和人性化的新特点。如，评委认定选手可以晋级，则先指出她表演中的不足，然后祝贺她已经通过了考试；对于被淘汰的选手，则是首先肯定她的长处，然后再说出考评结果。这种点评和通知方式，使得晋级的选手兴奋但不张扬，失败的选手失落而不消沉。评委这一特点引人注目，给人印象深刻。①

二是政府的非成文的临时指示。例如，2006年7月，国家广电总局给湖南省广播电视局时任局长魏文彬发来一份文件，内容是转发的一封群众来信。来信指责湖南广电："台风碧莉斯刚刚刮过，湖南是重灾区，全省都在抗灾救灾，生产自救，湖南卫视不进行这方面的宣传，却在如火如荼地举办超女，这是明显的导向问题，希望有关部门严厉查处。"湖南卫视的相关人员立即召开会议，对节目进行临时性改动，魏文彬做出决定，在沈阳播出的《超级女声》赛事，一定要在节目中表现出抗灾的导向，沈阳和广州赛区宣布将赛事收入全部捐给灾区，沈阳赛区还唱了一首与抗灾有关的歌。②

另外，政府官员的批评对电视节目也会产生不小的压力。例如，2005年文化部原部长刘忠德批评《超级女声》，在社会上掀起了轩然大波，湖南卫视高层专门上北京拜访刘忠德，与他心平气和地沟通③。这属于周亭所论的"部门利益论"，经过"讨价还价"，湖南卫视为《超级女声》节目提供了发展的通道。

应该说，这些规制强调的是正确的舆论导向和积极的人生价值观，在某些方面符合受众对电视的期望，代表了公共利益和受众心声，这也有利于《超级女声》的健康发展。不过，如果这种规制变成直接的、细致的行政干涉，就会给节目带来很多无奈，也带来很多矛盾性问题。例如，评委受限制，如何让节目继续好看；延时播出如何保持原汁原味的现场气氛；不能引导歌迷拉帮结伙，歌迷情绪如何控制④。这些都给电视综艺节目的发展带来不少挑战，也直接影响了节目的制播过程，有时令主办方感到无奈。例如，2005年《超级女声》倒

---

① 王云峰、朱志成：《领秀中国：湖南卫视娱乐品牌全接触》，长沙：湖南人民出版社,2006年，第116-117页。
② 刘一平、吴雄杰：《超女幕后快乐中国的巅峰之作》，长沙：湖南人民出版社，2006年，第43页。
③ 刘一平、吴雄杰：《超女幕后快乐中国的巅峰之作》，长沙：湖南人民出版社，2006年，第42页。
④ 杨博怡：《荧屏看超女今年慢半拍 广电总局：直播要延时播出》，《北京娱乐信报》，2006年4月14日。

数第三场，有关“超女”低俗论席卷全国，国家广电总局下发文件进行规制，在这种情况下，总导演王平找到了何洁，要求她将彩色头发染回黑色。对于王平的要求，何洁的态度非常强硬：“头发是我自己的，我想怎样就怎样，你们无权干涉。何况，无论是合同还是比赛规则，都没有这样的要求。”经过王平的艰难工作，何洁在凌晨4点给王平打电话：“我想继续参加比赛。但前提是我的头发不能一次染成黑色，先用棕色过渡一下，可以吗？”[①]这样的描述似乎有点夸张，但反映了《超级女声》面对政府规制，“戴着镣铐跳舞”的尴尬和无奈。

在政府规制之下，《超级女声》能够快速发展主要得益于湖南卫视清楚哪些是“不能做的”，并在“不能做的”政策规制下将“能做的”最大化、充分化，寻求电视综艺节目与公共利益之间的交汇点。魏文彬在接受人民网的采访时说：“我特别拥护李长春同志讲的贴近生活、贴近实际、贴近群众，我们贴近得远远不够呢。只有在市场经济的时代，才会产生‘超女’这样的神话，以往的年代，会发生这样的事情吗？这些孩子和他们唱的歌，我们成人社会应该包容。”[②]在主流价值观中包容差异性，从不同角度解读主流价值观，将平民阶层的日常生活经验融合于主流价值观，进而传达受众内心真诚的声音，这是《超级女声》寻找节目“能做的”一次尝试。

二、产业化与《超级女声》的公共性提升

《超级女声》的产业化发展是天娱传媒与蒙牛乳业（集团）股份有限公司（以下简称蒙牛公司）合作进行的，在赛区选择、节目宣传、赛制设置等方面都按照产业化发展模式进行商业化运作，这在客观上提升了电视综艺节目的公共性，推动了电视综艺节目的公共领域建设。

（一）赛区设置推动了个体间、群体间的相互交流

历届《超级女声》赛区的设置综合考虑了节目赞助商与节目制作方两者的因素，其分布如表3-1所示。

表3-1　赛区分布表

年份	分赛区				
2004	成都	南京	武汉	长沙	—
2005	成都	郑州	杭州	长沙	广州
2006	成都	沈阳	杭州	长沙	广州

① 王云峰、朱志成：《领秀中国：湖南卫视娱乐品牌全接触》，长沙：湖南人民出版社，2006年，第98-99页。
② 王云峰、朱志成：《领秀中国：湖南卫视娱乐品牌全接触》，长沙：湖南人民出版社，2006年，第109页。

表 3-1 显示，自 2005 年蒙牛公司加入《超级女声》后，赛区比 2004 年增加了一个，由于国家广电总局在赛区数量上的限制，2006 年仍然维持 5 个。2005 年和 2006 年的赛区设置上，变化非常小，这主要与蒙牛公司考量自身利益有关。

就 2005 年而言，《超级女声》赛区的选择是蒙牛公司考虑商业利益之后做出的，但同时也兼顾了《超级女声》节目本身的需要。此次策划的主要推手孙隽说，2005 年整个 3～8 月，是蒙牛酸酸乳销售的旺季，赛事的安排也是和销售季完全一致的，选择这五个城市，并且按这样的次序排列，是经过深思熟虑的。我们兼顾了两点：蒙牛公司的利益和湖南卫视的利益。第一，蒙牛公司的主市场、最大的商机在哪里?哪些是产品销售得最好的地方?哪里的竞争对手最强？这些都是主要因素。第二，节目的成功也很重要，怎样让更多的人参与和关注这个节目，需要综合衡量。广州、长沙、郑州、杭州、成都，这些城市的文化、娱乐内容远远没有达到饱和。《超级女声》很容易在当地成为主流娱乐、社会新闻事件，引起全民关注的热潮。[①]蒙牛公司根据自身商业利益选定《超级女声》赛区，这就保证了企业的利益，同时蒙牛公司全国性销售战略的规划又为节目的发展提供了宣传保障。这种大范围设定赛区的意义在于实现《超级女声》在全国范围内的平民娱乐化风潮，可以说，蒙牛公司的加盟为全国性的比赛提供了物质基础和宣传的网络保障。

《超级女声》借鉴体育赛事的规则在全国范围内设置赛区的模式开启了电视综艺节目的娱乐地理学。一方面，《超级女声》的节目具有地方性的特色。五个赛区的设置既是一种资源的整合，又是一次空间维度上的超越和融合，五个赛区赋予了《超级女声》独特的地方特色。例如，广州赛区周笔畅、李娜、易慧等不同风格的多元组合散发着极大的魅力；长沙赛区借助地理优势，营造了一种充满音乐元素的琴行氛围；郑州唱区不但吸引了来自内蒙古和新疆地区的选手，而且展示了中原女声宽广嘹亮的民族唱腔；成都赛区具有浓厚的人文关怀；杭州赛区展现了节目的青春时尚。[②]另一方面，全国范围内不同地区的赛事促进了各地受众的互动、交流，打破地区封闭，形成全国性的流动空间，尤其不同身份、不同民族的“超女”“粉丝”在不同地区之间的流动，打破了地区间的空间限制，以及人与人之间的陌生感。同时，蒙牛公司围绕五个赛区在全国 100 多个城市进行路演，将产品销售与电视综艺节目结合起来，提升彼此的影响力。另外，因为不同区域的比赛具有竞争性，节目在不同时期掀起高潮，形

① 孙隽：《超级女声 VS 超级策划》，合肥：安徽人民出版社，2005 年，第 92 页。

② 湖南卫视对不同赛区进行了描述。参见湖南卫视：《穿越梦想：湖南卫视 2005 全纪录》，武汉：长江文艺出版社，2006 年，第 18-22 页。

成受众不同的期待，蒙牛公司通过赛区的设定创造了一个个媒介地理学的奇观。[①]

（二）蒙牛公司的立体宣传增强了受众的知情权、媒体接近权

蒙牛公司与湖南卫视签订合作协议时明确了节目宣传的主体、地区、方式。合同这样规定："蒙牛在全国所有销售酸酸乳的城市，利用其销售网络、产品、相关媒体在各城市进行活动的宣传活动，以期让活动得到最广泛的宣传；蒙牛在全国100个左右城市进行报名并进行海选，城市初选、城市决选等……"[②]实践中，蒙牛公司也是充分发挥覆盖全国的销售网络的优势进行《超级女声》的地面宣传，各类路牌、车厢广告、数亿张宣传单页、1亿张海报、广播、报纸、数万个堆头等多种方式共同出击。另外，为了突出《超级女声》的舞台效果，蒙牛公司将路演舞台拓展到了每户人家的门前。2005年2～4月，在全国100多个城市，包括香港，做了300多场路演。在路演中，优秀的参与者还得到了蒙牛公司免费送往海选城市参赛的机会，在蒙牛酸酸乳产品销售的抽奖活动中，每个星期都有上百人被免费送到长沙现场观看《超级女声》。

除了路演之外，蒙牛公司还开展了网络媒体的全面宣传，专门在新浪网开设了同步视频，并且独立制作了"2005快乐中国蒙牛酸酸乳超级女声"网页，其中包括热门话题、焦点新闻、人气榜、聊天室和论坛、活动详细介绍、活动奖项设置、报名规则、活动追踪报道、各赛区情况、幕后花絮、参赛选手情况等，还开设了"蒙牛连连看""超级Fans"等互动游戏。蒙牛公司在地面上的立体宣传根本上是为了蒙牛酸酸乳的销售，而其商业化资本同时在很大程度上增强了受众的知情权、媒体接近权，进而激发了受众参与节目的热情，形成一个巨大的游戏娱乐场域。正如后来分析《超级女声》能够如此红火的原因时，王平和余先豪都提到是因为蒙牛的地面营销做得好。[③]商业资本对于当下中国的现实国情而言，在一定范围和限度内有利于电视综艺节目公共性的提升。

（三）"他者"的需要增强了《超级女声》的公共性

湖南卫视在与蒙牛公司合作之初，就认识到了商业运作对于电视节目制作的约束性。正如孙隽所说，"我就和张若波、王平谈节目内容，谈要出现的成本问题、我确定要做几场，在多少地点，什么时候开始……我和王平谈得比较深，我可以感觉到，王平很担心'超级女声'会因为蒙牛的冠名而变味。我看

① 蒙牛公司选定五个赛区是在综合考虑了公司与节目的地区影响要素的基础上做出的，媒介所在地的地理形势、经济状况和人口统计数字，包括媒介的规模以及媒介与媒介之间的距离等，都影响着媒介的生存与发展。可以说，《超级女声》因为蒙牛公司的推动，创造了媒介地理学的一个奇观。参见邵培仁：《媒介地理学：正当性、科学性和学术坚守》，《新闻记者》，2006年第10期，第18页。

② 孙隽：《超级女声VS超级策划》，合肥：安徽人民出版社，2005年，第71页。

③ 孙隽：《超级女声VS超级策划》，合肥：安徽人民出版社，2005年，第171-222页。

出了这一点，不断努力阐明‘我们对于电视是外行，所以我们绝对不会去干预节目。选谁做评委，最后谁胜出，我们都不会干预，该怎样就怎样’”[①]。蒙牛公司将产品与《超级女声》在市场终端进行了联姻，较好地配合了《超级女声》节目的宣传推广，而较少干涉节目制作本身，一个重要原因就是商业运作为中国电视综艺节目注入了一个新的要素：“他者”的需要。正如有的学者所言，“说到底，商业利益与大众需要不是对立的，应是同一律。不满足广大观众，便无法获得最大效益；要想获得最大效益，必须满足广大观众”[②]。电视综艺节目在产业化、专业化运作过程中必须要重视观众作为“他者”的需要。

韩国学者金太昌在讨论欧洲商业社会公共性时认为，历来的产业社会论和市民社会论所缺乏的方面，主要在于能否清楚地看到“他者”的问题，“稍微有点良心的人就会把‘造好东西’也放在心上。所以这些人实际上应该与买卖东西的商业者分开来考虑，这对思考公共性是有帮助的”[③]。对于中国电视综艺节目发展而言，《超级女声》的节目是“造好东西”的结果。一方面，中国电视身处体制之内，担负着满足广大人民群众日益增长的精神文化需求的责任；另一方面，电视产业化最终需要满足观众需求进而实现商业利益。以上两个方面决定了电视综艺节目必须制造“好东西”。例如，根据观众需求设定大众评委，强调公平公正的精神；采取“零门槛”的报名赛制，吸引受众参与；专业化的制作流程，提供高品质产品和服务，这需要节目制作方、播出方与受众的互动，进行信息交流和互动；产品的商业化交流，扩大节目互动空间，如2006年《超级女声》谢幕后就由天娱传媒包装推广，《超级女声》进行了全球演出，不仅满足了国内观众的内心需要，也将中国的综艺节目推向世界，促进了全球范围的节目交流。我们在探讨电视综艺节目的公共性时，应该将“他者”需要与单纯的商业利益分离开来考量。

总之，节目制作的专业化、产业化较之以往更加顺应“他者”的需求，从而推动了各方面的信息交流，提升了节目的公共性。

第二节　支援与平民公共领域的拓展

《超级女声》在政府规制与商业化逻辑之间是否给中国社会提升民主水平带来希望姑且不论，但有一点是确定的，那就是《超级女声》给平民大众营造了一个对话交流的表达空间，这是以往中国电视节目所欠缺的。因此，应该立足

① 孙隽：《超级女声 VS 超级策划》，合肥：安徽人民出版社，2005 年，第 85 页。
② 俞虹：《电视受众社会阶层研究》，北京：北京师范大学出版社，2010 年，第 84 页。
③ 佐佐木毅、金泰昌：《欧美的公与私》，林美茂、徐滔译，北京：人民出版社，2009 年，第 68-69 页。

于发展的基点去思考《超级女声》的这一尝试和拓展，避免将西方式的民主、自由等文化想象一开始就强加于《超级女声》，使其无法承受文化之重。下面我们首先在理论上探讨《超级女声》的公共性问题，然后实证分析公共性的拓展形式。

一、国家公共性[①]与平民公共性

上文我们探讨了《超级女声》在国家规制与产业化之间“能够做的”问题，无疑是将国家规制与商业化逻辑进行了某种程度的调和，此外我们还可以从“公共性”的角度看待这种调和。事实上，《超级女声》的公共性具有两种维度，也就是国家的公共性与平民的公共性。值得深省的是，国家的公共性并非具有绝对性，对于偏远地区和弱势群体，电视媒体的国家公共性是相对的，弱势受众的声音并没有在一个平等的平台上表达出来，就这个意义而言，《超级女声》这样的综艺节目所形成的平民公共性具有特殊意义，它一方面可以弥补国家公共性的局限，另一方面有利于电视与受众的对话和交流，促进电视公共领域的局部性生长。

那么，电视的国家公共性是什么，平民公共性又是什么？在中国的传媒语境下，电视作为党和国家的“喉舌”而存在，属于全体人民所有，体现人民的意志。然而，政府意志与人民意志的等同常常抹杀或者代替独立的个体存在，否认个体的差异，如此，个体之间、个体与国家之间的对话与交流就难以形成，从这个层面而言，电视公共领域的命题是一个伪命题，这在上文已经有所论述。

问题是，如果仅仅由于政府意志的全方位渗透和干涉就断定电视公共领域不存在显然也是武断的，不利于电视研究。我们提出平民公共性意在从“私”的角度于电视产业化过程中发现“公”的可能性。既然以国家的“公”为对立前提的市民社会理论适合中国国情的可能性受到质疑，那么当前我们应该在政府规制以及党和国家的意志掌控的情况下，暂时搁置市民社会理论，寻求新的理论出口。诚然，中国的电视产业化导致公共领域与私人领域界限的模糊，如在电视的公共空间里谈论“私人性”话题，但公私领域界限的模糊也蕴含了一个事实，即产业化认同、确认、激活“私”的同时也从“私”中盘活了“公”，因而对于中国的特殊国情而言，首先要活“私”，形成参与者的主体性，然后在肯定“私”的独立性之下，弱化“私”的消极性，使其转向“公”的领域。

① “国家公共性”是指“权威的公共性”，也就是说，人类社会与世界之间为了维系一定的公在关系就必须相互做出某种妥协和调整，而国家就是它们之间博弈的结果，国家自身包含了公共性。参见佐佐木毅、金泰昌：《欧美的公与私》，林美茂、徐滔译，北京：人民出版社，2009 年，第 32 页；曹鹏飞：《公共性理论研究》，北京：党建读物出版社，2006 年，第 187 页。

这应该是考察电视综艺节目公共领域建设状况的一个理论出口。

当代中国哲学家高清海认为：从人的发展角度说，市场经济的重大历史成就就在于促进独立个人的形成，一方面由自然经济形成的那些束缚个人的片面的固定的（自然性）依赖关系，只有在市场的冲击下才能彻底被摧毁，另一方面用以充实和丰富个人内涵从而使它走向独立所需要的那些条件，也只有通过市场的发展才能创造并提供出来[①]。中国电视产业化使得电视走向市场经济，尽管其国家所有制的性质并没有改变，但市场经济创造了各种条件促使个体走向独立，受众走向“自为存在”，电视产业也史无前例地走向受众时代、草根时代。可以说，市场经济改变了电视与受众之间的关系，催生了更多的具有独立意识的电视观众。

但“私”的独立存在并非意味着将个体封闭于私人领域。“私”在市场经济的条件下也具有社会性、公共性，“通过市场来调节生产、交换、分配和消费，以市场为导向来分配社会总劳动，这样便不仅把个人的私人活动都纳入社会性活动，也把人们及其活动联结成了统一的体系。在这里，面向市场就是面向整个社会，为自己劳动的同时也就是在为他人和社会劳动”[②]。对于电视综艺节目而言，节目必须吸引平民大众的参与才能完成，这似乎是一种“私”的行为，但观众的参与又在某种意义上打破了个体的自足状态乃至地区和国家间的壁垒，建立起广泛的、普遍的交往和联系。如日本学者今田高俊所言：“取代过去以与‘私’相对的‘公’为前提的市民公共性概念，建构在私的行为中发现公共性契机的理论，这一工作是不可或缺的。”[③]我们同样需要在电视综艺节目的产业化过程中开展这样的工作。

以上对国家公共性的探讨涉及了“公”“私”两个方面的问题，这是下文讨论的理论基础，其中所包含的辩证关系是我们理解《超级女声》公共领域建设的重要思路，换言之，在电视综艺节目中，“私”与“公”的关系如何，前者如何转化为后者，后者如何包容前者？我们以《超级女声》的支援为例，探讨这种转换过程。

二、《超级女声》的支援形式

今田高俊说：“支援活动是以被支援者为前提的，所以，如果以自我为中心的话就不能成立。有必要追踪被支援者的状况是否得到改善，来检讨自身的

① 高清海：《找回失去的“哲学自我”：哲学创新的生命本性》，北京：北京师范大学出版社，2004 年，第 196 页。

② 高清海：《找回失去的“哲学自我”：哲学创新的生命本性》，北京：北京师范大学出版社，2004 年，第 195 页。

③ 转引自佐佐木毅、金泰昌：《社会科学中的公私问题》，刘荣、钱昕怡译，北京：人民出版社，2009 年，第 43-44 页。

行为。而且，支援活动与过去所谓的利他行为不同，活动本身最终会带来支援者本人的自我实现。在具有自我实现的私的特征的同时，又以想他人之所想的形式兼有他者性，在这点上，志愿者活动和NPO中的支援活动可以成为开拓新的公共性的契机。”[①]今田高俊从利己和利他两个角度分析了支援与公共性的关系，这对于研究电视综艺节目的公共性具有重要的启示意义。就《超级女声》而言，我们认为，它通过自身的运动过程展示了不同于国家公共性的内容，以娱乐的方式形成“私”的特有交往行为，其中“支援”行为反映了“私”与他者的关系。《超级女声》[②]的“支援”形式有以下几种。

（一）选手对他人的支援

参赛选手在《超级女声》节目中通过不同方式进行话语交流，主要有以下两种类型。

其一，选手之间的支援，体现为选手间的话语评论及情感交流。

选手之间的支援的一种形式是已经离开比赛舞台的选手对自己的现状进行评论。例如，在杭州赛区总决赛中，节目通过VCR展示了选手离开比赛舞台之后的感受和体会。其中一位选手说：“离开《超级女声》，我一直想念其他的姐妹们，这些日子我过得非常充实，每天都很忙碌，我发觉我真的长大了。”无疑，话语透露出选手之间的友谊，以及节目带给选手自身的变化；另一位选手说：“请大家相信我，虽然我离开了《超级女声》这个大舞台，可我还会继续努力，继续加油的！”展现了自信和执着的精神；还有一位中年选手则感慨节目带给自己一种年轻和青春感等。[③] 此种方式看似是谈论自己的私人感受，实则是这些离开舞台的选手们通过这样的言语在向比赛中的选手们传递力量、信心和勇气。离开舞台的选手们，通过自己的评论，将自己的内心感受外化，进而感染赛场上的选手及观众，以形成个体间的情绪流动和情感共鸣。

又如，全国总决赛十强入围赛第二场进行过程中，场外选手分别对比赛中的选手进行评价。以林爽为例，来自杭州赛区的四个选手这样评论：

选手甲：爽，我觉得她就是每次在练歌的时候，就是她在录音房里面发出那种声音，很像就是唱片里发出的声音，很完美，很好听。

---

① 转引自佐佐木毅、金泰昌：《社会科学中的公私问题》，刘荣、钱昕怡译，北京：人民出版社，2009年，第44页。

② 本章探讨的都是2005年的《超级女声》，节目视频以百度视频和乐视网上能够搜索到的完整视频为例，将地方赛区和全国赛选相结合，主要有：2005超级女声杭州赛区总决赛、广州唱区50进20淘汰赛、广州赛区7进5淘汰赛、广州唱区总决赛、郑州唱区20进10淘汰赛、超级女声成都赛区50进20、全国总决赛十强入围赛、全国总决赛10进8晋级赛、全国总决赛8进6晋级赛、全国总决赛6进5晋级赛、全国总决赛5进3晋级赛、超级女声三强总决赛。

③ 《2005超级女声杭州唱区总决赛》，http://www.tudou.com/programs/view/rOztiGcGYtk/isRenhe=1。

选手乙：生活中很随意的，她是一个很随意的人。

选手丙：她向来都不化妆的。

选手丁：长得越来越漂亮了，感觉越来越自然了，然后她唱歌声音感觉很有女人味道。

选手丙：对啊，唱歌很好听。

选手甲：她非常地喜欢坚持自己的东西，就是虽然这点好，但是我觉得有时候还是应该多听听别人的意见。

选手乙：如果她能加一点自己的个性进来的话，就会更加完美了。

集体：完美哦，做完美的女人喔。

不同的选手从不同的角度谈论林爽的生活及歌声：随意、自然及自我坚持的精神。同时，他们也指出其不足之处，并给林爽提出了希望。通过这样的评论，关于追求完美人生的议题逐步生成。对林爽的生活和个性进行论证，然后得出这一议题，论证充分，结论具有说服力，由此形成的议题易于引起观众谈论的兴趣。

来自长沙的选手们在对黄雅莉的评价中，将她喜欢周星驰及其招式动作，以及她的特殊嘴型进行了娱乐化，在欢快的氛围中祝福黄雅莉。在对叶一茜的评论中，选手们指出了她可爱的孩子气的一面，同时指出她很会照顾人，并希望她能够增强自信心，唱歌还要带点爆发力。来自成都唱区的选手对张靓颖进行了评价，指出她的双重性格、做事认真、懂得多国语言。在对何洁的评价中，选手们指出了她的热情、善良、感性等。①这些评价的共同点在于将参赛者生活中的私密与个性展现出来，指出其优点和不足，塑造了具体感性的、富于个性的选手形象，有利于观众了解选手的信息。

以上分析表明，选手间的支援具有揭露隐私的倾向，通过个体间的谈论，这种私密性被置于公共空间之中，同时私密性话题之中又延展出具有普遍意义的议题，由此“私密性”走向了“公共性”。

选手之间的支援的另一种形式是舞台上参赛选手之间的评论。例如，2005年《超级女声》广州总决赛设置了让参赛选手们相互评价和写出自己心中冠军的环节②。这一环节有利于激发选手发表意见，评论自我和他人。李娜写出的顺序是“周笔畅、李娜、易慧”；易慧写出的顺序是“周笔畅、李娜、易慧”；周笔畅写出的是“李娜、易慧、周笔畅都是冠军”。三人都说出了其中的理由，评论了自己及对方的优缺点，在相互评论的话语中形成某种倾向。再如，易慧、叶一茜止步于全国六强时，她们表达了选手间的深厚友谊：

① 《2005超级女声全国总决赛十强入围赛》，http://www.tudou.com/programs/view/lRxXCPiSRKA/。

② 《2005超级女声广州总决赛》，http://www.tudou.com/programs/view/aoBpzwfuptk/。

叶一茜：我很舍不得你们……

易慧：不哭，哭什么，我也舍不得她们。

叶一茜：我哭并不是因为我被淘汰，我伤心地哭，而是我真的从5月份到现在一直都是《超级女声》陪伴着我，然后我觉得突然间这样离开，我觉得有点不习惯，不知道你们这些姐妹，我不在了你们会不会习惯？但我知道我真的很不习惯。①

叶一茜、易慧与其他选手间的依依不舍之情鼓励了还将继续比赛的选手们，同时选手间的评论也导致观众之间、选手之间、观众与选手之间的情感流动，因为感动而共鸣，因为共鸣而分享这些感动，选手之间的情感支援将内在“私”的情感公共化，与他人交流和分享，这既有利于自身的成长，又有利于其他选手增强信心。可见，在中国电视综艺节目建设公共领域的过程中，主体间的公共交流带有浓厚的伦理和道德色彩。

其二，选手支援社会和他人。《超级女声》节目还设置了选手参与公益活动的环节，支援社会和他人。例如，全国总决赛六进五的比赛过程中，节目设置了“送青春　送快乐”的活动，选手们纷纷通过行动将青春和快乐送给普通大众。以张靓颖为核心的“超女”来到湖南体操队员们的中间，集体唱《五星红旗》《想唱就唱》；何洁把青春和韵律带到养老院，看望老人，和老人一起跳舞；纪敏佳来到了工厂，看望工人；周笔畅把快乐带给消防官兵；李宇春将青春和可爱带给小朋友们；黄雅莉将快乐带给了商场的营业员们。选手们的支援活动增加了社会情感的交流，也延展出很多社会性话题。

例如，一名女工人对纪敏佳等选手说：“我觉得像我们的工作要充满热情，像你们唱歌一样。”这里提出了人们应该如何工作的问题；又如，何洁去了养老院之后在节目现场呼吁社会关注老人问题。何洁说：“他们每一个人真的都非常地健康，挺青春活力的。我觉得他们表面上可能会看起来很开心，每天都跳跳唱唱的，但我觉得在他们内心当中真的很希望大家和他们多些交流，真的我想在这里呼吁一下所有做儿女的观众们，真的应该好好地孝敬你们的父母，经常去看看他们、多陪陪他们。”②再如，总决选提出了如何关心弱势群体的问题。VCR 是这样叙述的：节目组在众多的来信中，看到了一位医院护士长介绍与病魔抗争的患者潘甜的来信。选手们在节目组的带领下来到潘甜的身边，将快乐和祝福带给了她。正如 VCR 的解说所言：“看到自己喜欢的人，听着自己最喜欢的歌，潘甜感受到了巨大的幸福。在病房的日子是孤独的，而今天她已不再孤独，我们是她坚强的后盾，我们希望她能天天快乐开心，并祝福她

①② 《2005超级女声全国总决赛六进五晋级赛》，http://www.tudou.com/programs/view/2qwOIVOmhKg/。

能战胜病魔，早日康复。”这些话题的提出为娱乐性增添了理性的力量，节目的价值取向和文化意蕴显得更加丰富。

《超级女声》支援社会和他人，促进了不同群体的情感交流，人们在选手身上看到了自信、青春、活力，选手们也在普通平民身上读到了感动、奉献的精神，正如纪敏佳在现场表白的，“超级女声就是生活中的你我他。谢谢他们的支持和鼓励，非常令我感动”[①]。因此，情感的沟通和交流打破了人们原本封闭的内心世界，在情感的流动中，个体间达成了心理上的共识。可以说，选手通过支援行动提升了《超级女声》的公共性，开拓了节目的公共空间。

（二）亲友的支援

《超级女声》的亲人支援也非常普遍，表现为父母的行动与言语上的评论。我们可以从两个方面梳理归纳。

其一，行动的陪伴。《超级女声》节目中很多父母并没有在言论上进行支援，而是以行动陪伴自己的女儿，通过行动支援，鼓励参赛选手。

例如，《超级女声》广州唱区7进5淘汰赛中，刘梦莹的妈妈一直陪伴在她的身边，同时也激起了刘梦莹对母亲的表白[②]，诠释了感恩主题；《超级女声》广州唱区总决赛中，陈嘉琦入围失利后，她的妈妈拥抱她，陪伴她观看VCR回顾女儿比赛的精彩片段；谢雅雯入围失利后，她的妈妈来到现场给她擦眼泪，搀扶着她离开舞台；节目的最后，亲友团的三位妈妈为周笔畅、易慧、李娜揭晓票数。[③]宋林在《超级女声》全国总决赛十强入围赛失利后，她的爸爸、妈妈来到了现场，在她离开舞台的时候给予了热烈拥抱。在成都赛区50进20晋级赛中，蔡琴的妈妈甚至亲自给女儿准备了饭菜，蔡琴在感动中亲自喂妈妈。

选手的父母以陪伴的行为支持和鼓励自己的孩子，尽管节目未能展示他们的言语交流过程，但这些行动却以无声的语言与观众形成了情感交流，生成了很多社会话题。例如，宋林和父母站在一起形成的温暖氛围感动了评委夏青，她说：“看到爸爸、妈妈上舞台跟宋林拥抱的一刻开始，我觉得你真的很幸福，你有爱你的爸爸、妈妈，还有台下那么多的掌声，一定记住我以前跟你说过的话，自信一点。”[④]夏青的感动由宋林父母的支援行为而起，对幸福和自信话题的理解也由此更加深刻。

其二，言语的评价。评价是亲人支援的主要形式，父母通过言论评说表达内心的感受和意见：有的是对自己女儿的鼓励，如成都赛区50进20淘汰赛中，

---

① 《超级女声2005总决选》，http://www.tudou.com/programs/view/_M661M4bby0/。
② 《2005超级女声广州赛区7进5淘汰赛》，http://www.tudou.com/programs/view/_WTA1JQq9SQ/。
③ 《2005超级女声广州唱区总决赛》，http://www.tudou.com/programs/view/aoBpzwfuptk/。
④ 《2005超级女声全国总决赛十强入围赛》，http://www.tudou.com/programs/view/h8SIDSkyruE/。

陈佳的父亲通过录音向女儿致歉不能来现场陪伴她，并鼓励她更上一层楼[①]；有的指出女儿有待改进的地方，例如，杭州唱区总决赛中，丁叮的父亲在她晋级失利后通过 VCR 鼓励和评价她[②]：

假如你有远大的理想，在你面前就没有困难；假如你想品尝成功的喜悦，你就会百折不挠勇往直前。她这次参加比赛开始没有告诉我，她怕在爸爸面前唱得不好，她怕我说她。

我女儿可能跟你们说过她想跟我学声乐，但是可能因为没有时间。《超级女声》这个活动激发了她的热情，但是光有热情是不行的，她一定要脚踏实地地去学每一方面的知识。

女儿，我认为你这次比赛很积极努力，你表现是好的。你就自信地按照自己的感觉去演唱，去进取吧，名次是第几不要紧。

她的歌声我自然认为是在我听到的所有的歌里面，让我最激动的歌声，因为她是我的女儿，我爱她。

节目用了 102 秒的时间让丁叮（本名张立）的父亲张承军表达对女儿参赛的看法及对女儿的期望。作为浙江省著名男高音歌唱家的张承军对自己女儿张立的评价具有典型意义，他诠释了困难与成功的关系、热情与脚踏实地的关系、比赛与名次的关系及父爱等话题，这些都引起了包括网友在内的很多观众的讨论。

再如，全国总决赛 5 进 3 晋级赛中专门设置了“超级女声　感动妈妈”这一环节，介绍选手小时候的情况。其中，张靓颖的母亲说[③]：

这是靓颖小时候（一百天时）的照片，刚出生的时候护士就说怎么是你的女儿啊，她在婴儿室里面哭的声音可大了，她就跟我开玩笑地说，这个女儿声音真洪亮，以后肯定是个歌唱家。她爸爸在那边的医院要开刀，但是妈妈我当时也在住院，也要开刀，十五岁的靓颖她白天要照顾我，晚上又要去照顾爸爸，我很清楚地记得当时有一次，我开刀两天以后，医生说可以吃点东西，靓颖就去买了几条鱼给我熬上，本来是想熬成汤，后来不知怎么的，端到我的医院里来的鱼汤是干的，鱼汤都熬干了，像煎的鱼一样了，我当时问：“靓颖你怎么了，你怎么把鱼汤熬成干的了？”她说：“我睡着了。”我心里好酸啊，我心里当时特别难受。那个时候我觉得就像天都要塌下来的那种感觉，后来她爸爸就去世了，当时那种心情很难受的时候，她就说，妈妈你别怕，没有过不去的，她当时就跟我说，我觉得从那以后她就变得很坚强了。靓颖，你

---

① 《2005 超级女声成都唱区 50 进 20 晋级赛》，http://www.tudou.com/programs/view/Hr0oTHIJJao/。

② http://www.mgtv.com/b/297142/3371731.html?cxid=90f0zbamf

③ http://www.tudou.com/listplay/AsCFG6r7wv0/ffu_w3BNP4s.html

参加《超级女声》以来，认识了很多朋友，妈妈现在到现场来，给你加油助威，你要注意自己的身体，要休息好，不要失眠，尽量注意自己的嗓子、休息等方面，妈妈来给你加油！

张靓颖的母亲回忆了张靓颖成长中的故事：出生时的哭声、承担照顾父母的重任、安慰母亲。女儿带给母亲的自豪感与母亲对女儿的关心和祝福交融在一起，具有私密性的母女情感经过相互交流感动了观众，主体间的情感共享由此形成。再如，何洁的母亲评价女儿小时候成熟懂事，纪敏佳的母亲评价纪敏佳对音乐的专注与求学的辛苦历程，周笔畅的母亲评价她简单的追求，李宇春的母亲评价她从小到大的坚强性格。对当下的教育、母女关系等方面而言，这些评价都会生成一些值得关注的话题。

事实上，家人的支援在一定程度上成为观众进行情感消费的符号。符号的作用主要是以一种特别的方式使社会行为者预先适应对于现实、组织态度、信念、价值观等的某一种解释，一般来说社会行为者和其行为发生的社会体制起到了建立某种关系的作用①。支援所形成的母女或父女关系作为一种社会符号，在一定程度上弥补了当下母女或父女情感的缺失。可以说，节目将议题深深地植入到了平民大众的日常生活经验之中，节目所激起的母爱或孝顺议题被主流价值观所包容、内含、融合，这有利于提升受众与“超女”的情感共鸣度，激发社会议题，引导其他子女和父母间的情感沟通与理解。

另外，《超级女声》节目有时也设置了“想说就说”环节。正如广州唱区的主持人毛琳所说：“我现在所处的位置是想说就说，看我们的节目真的很好，因为一方面想唱就唱，另外一个方面呢，想说就说，如果大家对我们的选手，以及我们的评委还有整个比赛的过程有什么建议和意见的话，都可以大胆地说出来，毛毛今天就做主了替大家说出来。”②甚至在《超级女声》成都唱区 7 进 5 晋级赛中，为了让亲友团能够“想说就说”，节目还专门设置了场外主持人③。“想唱就唱”与“想说就说”形成了《超级女声》唱说结合的特色形式，相互阐释、相互补充，共同激发观众内心的情感共鸣，激发社会议题。

（三）选手的自我支援

选手的自我支援指的是选手支援自己参赛的诸种措施，主要体现为选手通过 VCR 展示自信、感恩、执着的精神品质。

例如，郑州唱区 20 进 10 淘汰赛中，在评委商议结果的间隙播放选手参赛

① 杨旦修：《媒介传受缝合：中国电视内容再现确证中产阶层身份认同》，《学术论坛》，2008 年第 11 期，第 183 页。

② 《2005 超级女声广州唱区晋级赛 50 进 20》，http://www.tudou.com/programs/view/e_WaaybRo1M。

③ 《2005 超级女声成都唱区 7 进 5 晋级赛》，http://www.letv.com/ptv/vplay/148157。

的感受视频，14 位选手的论题主要涉及三个方面：

其一，对父母和朋友的感谢。有选手说，“最想见到爸爸妈妈、好朋友，他们鼓励我、支持我来参加比赛，为了他们我要鼓起勇气。”也有选手说，“在活动过程中认识了很多朋友，很开心，他们很照顾我、帮我，真的很感谢他们”。

其二，对自己的评价。有的选手对自己的表现很满意；有的表示以后会更努力，改掉身上的毛病；有的表示不气馁，继续努力等。选手不仅展示了不同的心态，而且勇于正视自己的不足。这些评价和言说有利于培养选手与观众的理性精神，推动社会理性精神的养成。

其三，对比赛本身的评说。有选手认为，能和这么多的朋友同台比赛，很快乐；也有选手敢于接受比赛的挑战，“如果淘汰了，我们再到下一个赛区吧”；也有的选手表示，“这么多优秀的选手，老师刚才打击了我，心里真的很难受”①。选手对比赛活动畅所欲言，展示了她们率真、执着的精神。

选手的评说涉及面非常广，真正将《超级女声》节目置于平民阶层的日常生活世界之中。通过这些评说，人们在分享共鸣的同时观看他人，反省自己，从而加速了主体间的情感流动。这种自我支援活动非常多，如十强入围赛，郭慧敏展示了自己的近况，表现她的自信和对大家的感谢；5 进 3 的比赛中，节目还专门设立了“真情告白”环节，李宇春、周笔畅、张靓颖、何洁等分别进行真情表白，进而展开自我情感的支援。

（四）“粉丝”的支援

“粉丝”的支援是《超级女声》的主要支援形式，有“缺场”的支援，也有“在场”的支援，主要形式如下。

其一是被转述的“粉丝”支援。这种类型的支援主要体现在“粉丝”的行动不是直接呈现的，是通过陈述人的转述获得“在场”的。

例如，选手黄雅莉和主持人汪涵共同讲述常德森林公园一位令她感动的老奶奶的故事。老人患了癌症，但她却要把所有的积蓄拿出来为黄雅莉拉票。在共同的叙述中，老奶奶作为一名“粉丝”的支援活动呈现了出来。黄雅莉也非常感动，她说：“唱歌不是光为自己而唱，而是一种责任，感谢很多朋友的支持！”②再如，广州赛区 7 进 5 淘汰赛中，评委将网友的意见提了出来，正如主持人汪涵对谢雅雯所言，“《超级女声》的影响很大，很多朋友通过网络、短信的方式对他们喜欢的歌手表示出自己的喜欢，当然也有很多很多问题，接

① 《2005 超级女声郑州唱区 20 进 10 淘汰赛》，http://www.tudou.com/programs/view/sOVDoPKsH74/。
② 《2005 超级女声全国总决赛六进五晋级赛》，http://www.tudou.com/programs/view/2qwOIVOmhKg/。

下来，这些问题由评委老师以提问的形式来带给你”[①]。评委提出了谢雅雯唱歌的感觉与其性格的错位问题。

原本“缺场”的“粉丝”支援因他人的转述获得了“在场”，“缺场”与“在场”之间形成了张力：这种转述行为加强了选手与“粉丝”间的互动，而且影响了转述者，进而形成情感的认同或包容。当然，通过转述的形式进行支援的活动并不多，最常见的是“粉丝”“在场”的支援。

其二是VCR展示的“在场”支援。例如，全国三强总决赛过程中，VCR播放“粉丝”对选手的评论。就地域而言，粉丝们分别来自四川、天津、云南、湖北、内蒙古；就年龄而言，粉丝中有少年人、青年人、中年人、老年人；就职业而言，粉丝中有出租车司机、护士、工人、学生等。其中，一位母亲说：“我的女儿跟春春一样大，我真的特别想讨教春春的妈，怎么培养这么优秀的女儿出来。”一位小学生说：“因为我喜欢张靓颖，她老是唱英文歌，所以我喜欢，我想让我的英语成绩更好。”一位中年男性说：“我觉得张靓颖的歌可能是更能打动我，黑楠老师的话说，我觉得她可能是在用灵魂唱歌。”[②]60分钟后，节目又通过VCR展示“留学生眼中的超级女声”，英国、澳大利亚、美国、芬兰留学生“纷纷”议论自己喜欢的选手，谈论对节目的感受，从中也激发出了很多议题，如教育、学习等。

其三是通过电话采访的形式进行支援。全国三强总决赛安排了粉丝通过电话向三位选手点歌的环节。以张靓颖为例，她的一位黎姓“粉丝”说：“我太喜欢你啦，支持你……”同时现场另一位“凉粉”把从昆明空运过来的九十九朵蓝色妖姬玫瑰送给张靓颖表达“永恒的爱”。“粉丝”似乎以非理性的方式支援自己的偶像，但这种表面的非理性是以理性为底色的，他们具有很强的分辨能力和感受能力，正如周笔畅的一位“粉丝”在电话中说：“我没有办法不喜欢你，你以很随意的方式把握住歌曲的精髓，然后最重要的是佩服你对歌曲的理解能力，你的演唱真正地打动了我。”

其四是“粉丝”直接来到比赛现场支援。以全国三强总决赛为例，李宇春的“粉丝”，一位从上海坐飞机过来的74岁的夏奶奶给李宇春带来了家乡的粽子。她高度评价李宇春说：“她唱歌大器、率真、阳光、青春、帅气……我想让春春叫我一声奶奶……”[③]主持人汪涵和李湘都喊着“奶奶”并拥抱她。在雄厚资本的支持下，节目组创造让“粉丝”来到现场的机会：“我们的节目同时增添了这样的一个环节，就是想唱就唱，当然每一位观众朋友呢有想说就说的权利，在我们节目进行当中，你可以按照我们的屏幕上方的方法发短信给我

---

① 《2005超级女声广州赛区7进5淘汰赛》，http://www.tudou.com/programs/view/_WTA1JQq9SQ/。

②③ 《超级女声年度三强总决选》，http://www.tudou.com/programs/view/_M661M4bby0/。

们，对选手、对评委、对比赛进行评论，我们将会在节目进行当中，对点评独到的观众朋友给予2000元的现金大奖，那么今天在节目现场会有20位热心参与短信评说的观众在场外观看，他们将代表观众想说就说……”[①]节目为“粉丝”的参与拓展了渠道，也提供了机会。

《超级女声》创造了“粉丝”支援的多种形式，利用“粉丝”的“在场”支援和“缺场”支援，拓展他们谈论的空间，分享情感，产生共鸣，进而形成一种情感共同体。

三、支援与《超级女声》的公共性

以上从类型学的角度归纳了“支援”的形式，下面从社会学层面分析“支援”与《超级女声》公共性的关系。

支援行为的本质就是社会学所言的“利他行为”。董志勇说：“从结果上讲，只有确切地产生了利他结果的行为才是利他行为；而从动机上则不要求行为产生特定的结果，只要行为的发生出于人的利他心，那么我们就可以说这种行为是利他行为。”[②]从董志勇的定义出发，《超级女声》的利他行为者主要有亲人、朋友、“粉丝”，甚至包括节目主办方、赞助商等。他们鼓励、陪伴选手，以及为选手提供参与机会的行为，不管从结果上看还是从动机上看都有满足“他者”需要的倾向，其行为已经超越了个人之“私”。利他行为分为三种：亲缘利他、纯粹利他和互惠利他。

第一，亲缘利他主要是指有血缘关系的生物个体为自己的亲属提供帮助或做出牺牲。以血缘和亲情为纽带的利他行为并不含有功利性的“私”，亲缘利他行为在父母与子女之间表现得最为充分和感人，这在《超级女声》的支援行为中占据很大的比重。这种支援是将自己完全向子女敞开，鼓励、帮助他们，即使指出其不足，也包含祝福和期望，甚至有的父母表达向子女学习的愿望，将这种敞开与交流推向最大化[③]；父母较之于其他观众，父母将自己的观点明确地表达出来，同时将子女的形象推向观众，这本身就是向他者开放。或许这种敞开在某种程度上带有“私”和“一己”之心，但也将“一己”最真实、最

① 《2005超级女声广州唱区晋级赛50进20》，http://www.tudou.com/programs/view/e_WaaybRo1M。

② 以下关于利他行为的定义及其分类研究，借鉴了董志勇的研究成果，不一一注明。参见董志勇：《生活中的行为经济学（下）：投资行为的非理性陷阱》，北京：北京大学出版社，2010年，第16-22页。

③ 主持人李湘和胡晓的一番话说明了《超级女声》节目在话语交流和对话方面的意义。李湘说：“其实我们的《超级女声》舞台不仅仅让大家实现他们的音乐梦想，也会让他们实现心中一些平时可能很难实现的梦想，当然，在比赛的过程中，我们也会一次又一次地给我们的选手一些温馨的惊喜。”主持人胡晓说：“其实我们从海选开始就看到了有很多《超级女声》背后的家长亲友团啊，在《超级女声》活动的过程当中，有些是消除了以前的小误会，有些甚至和自己的亲人产生过从来没有过的沟通的感觉，这就是《超级女声》的舞台除了带给我们的所有女孩精彩之外的，更多的是一份亲情和爱。”参见《2005超级女声成都唱区7进5晋级赛》，http://www.letv. com/ ptv/pplay/1863/7.html。

美好的方面展示出来，使得亲缘利他的情感具有了可交流性，形成道德共同体和公认的价值体系，进而获得“公”的性质。

第二，纯粹利他，这主要体现在“粉丝”的支援行为上。亚当·斯密在《道德情操论》中提出“纯粹利他”这个概念，它是指利他行为者不追求任何个体的回报，只注重个人的精神满足。在亚当·斯密看来，人们不仅受到自己得失的激励，还从他人的得失中受到激励，换言之，人们的激励不仅来源于自己的得失，别人的得失也是一个原因。[①]可以说，纯粹利他行为把自我和他者在心理情感层面上紧密地联系起来。

就纯粹利他行为的主体而言，“粉丝”是利他行为的主要发出者。亨利·詹金斯在分析德赛都的“盗猎”模式时说：“我们说粉丝宣扬的是自己的意义，而非制作人的意义，但这并不意味着粉丝所生产的意义总是对抗性的，或者粉丝意义的制造和其他社会因素无关。粉丝之所以从所有文本中挑选出那些媒介产品，恰恰是因为那些产品能够成为表达粉丝现有的社会承诺（social commitment）和文化利益的工具。”[②]“粉丝”追寻偶像，如果说他们的纯粹利他行为单纯是为了偶像，不如说是为了表达他们自身的一种文化理念和精神追求。如果说《超级女声》的“粉丝”总是张扬对抗性，不如说他们主张自我个性和价值，也就是说，“粉丝”在实施利他行为的过程中，满足了自身的精神需求。同时，“粉丝”的文化理念和价值追求与主流意识形态并非完全对抗，节目的文本意识形态构建与“粉丝”的意识形态承诺之间具有某种契合性。例如，《超级女声》追求“想唱就唱”，其中引发的奋斗、感恩、公平公正等议题也是主流价值观所提倡的。意识形态的契合使“粉丝”的利他行为具有了“公”的性质。

就纯粹利他的结果而言，“粉丝”与偶像、“粉丝”与“粉丝”之间形成了情感共鸣。克罗斯伯格认为，“对于粉丝来说，特定的文化语境渗透了情感的色彩。这一语境中的各种关系都要通过情感来定义，产生出一种‘情感性联盟’（affective alliances）的结构。而且作为一种情感性联盟，机制本身也发挥着要义地图的功能，在地图内部，各种行为、实践以及身份都可以确定其位置。正是在他们的情感生活中，粉丝们才不断地去努力关心某些事情，寻找生存下去的能量，寻求想象和实现自己的目标及各种可能性所必需的激情”[③]。“情感性联盟”是以情感交流、共享为基础的，个人情感经过外露、交流形成共享，进而超越“私”的领域。同时，“粉丝”行为在某种程度上促进了社会信息的流动，以及对他者的关心，这对于当下人与人之间缺少交流和沟通的状况而言，

---

① 董志勇：《生活中的行为经济学（下）：投资行为的非理性陷阱》，北京：北京大学出版社，2010 年，第 19 页。

② 转引自陶东风：《粉丝文化读本》，北京：北京大学出版社，2009 年，第 44 页。

③ 转引自陶东风：《粉丝文化读本》，北京：北京大学出版社，2009 年，第 141 页。

具有积极的意义。另外，“粉丝”的流动也是社会性话题的一个来源。

当然，“情感性联盟”的另一个功能是“区隔”及对权力的抵抗。克罗斯伯格说：“特殊的机制还可能提供一个空间，占支配地位的权力关系可以在这个空间里受到挑战、抵制、回避或忽视。”[①]“粉丝”的“情感性联盟”的区隔能力很强，在《超级女声》节目中，占支配地位的权力关系——政治意识形态在这个空间里受到一定的遮蔽和抵抗，随之，节目中人们的言行和举动也受到政府的规制。笔者在此没有在反抗与顺从、规制与抵制的政治学层面讨论公共性，而是将“粉丝”们的支援行为置于伦理道德层面上分析它的社会交往行为[②]。

第三，互惠利他，即没有血缘关系的生物个体为了回报而相互提供帮助。《超级女声》的节目主办方与赞助商、与选手之间存在互惠利他的行为。这部分内容在上文分析商业化赞助时已讨论过，兹不赘述。

综上所述，电视受众的公私观念在平民大众的广泛参与下获得了转型，换言之，《超级女声》节目激活了每个个体之“私”，通过交往行为，获得关心他者之“公”，并以此延展出公共话语，建构一种“平民公共领域”。就中国传统文化而言，节目避免了传统文化中的公私分立的矛盾。有学者说，“在‘公共领域’中活动的，恰恰也是私人。但在公共领域中，我们虽有私心，却不能表现私心，私心只能在私人领域中表现。在公共领域中必须扮演公的角色，表现公心。结果形成中国特色的‘二元人格’”[③]。平民大众的支援活动一方面表现了利他的公心，另一方面又保留了表达自我、展现自我的权利之“私”，受众的人格不再是“二元人格”，而是复合的多元统一的人格。就支援的社会影响来看，节目在最大程度上缓和了真人秀节目与个人主义的矛盾。一般观点认为，西方真人秀节目彰显个人主义，这是西方商业利益与个人主义文化主导下的一种表征，这给真人秀节目的本土化带来了巨大挑战。不过我们认为，《超级女声》的多种支援行为在很大程度上突破了个人主义，注重个体间的交往，形成了亲情、友情、恩情等社会话题。支援行为可以看作是中国电视综艺节目本土化的一种方式。

第三节　私密性与《超级女声》的公共领域

上文研究了《超级女声》的各种支援形式，是“存私活公”，将受众作为

① 转引自陶东风：《粉丝文化读本》，北京：北京大学出版社，2009 年，第 141 页。

② 日本学者认为，可以从政治性与社会性的伦理情感两个方面认识亚当·斯密的公共性问题。佐佐木毅、金泰昌：《欧美的公与私》，林美茂、徐滔译，北京：人民出版社，2009 年，第 16 页。

③ 刘泽华、张荣明：《公私观念与中国社会》，北京：中国人民大学出版社，2003 年，第 375-376 页。

独立个体而肯定，同时在认同“私”的基础上，引导情感的交流和话题的形成，进而“活公”。那么，如何“存私”呢？节目中的“存私”除了上文分析的个体的独立价值和意志之外，还有什么其他外在形式？“存私”的私密性对公共领域建设产生了何种影响？

美国学者道格拉斯·凯尔纳曾批判真人秀节目的私密性与公共领域问题。在他看来，真人秀节目使成千上万的观众和网民着迷上瘾，通过电视和网络创造出一个互动的奇观社会，它所体现的是人们参与奇观和窥视他人隐私的永无休止的欲望，满足的是人类根深蒂固的窥淫癖和自恋情结……后现代媒体社会是围绕着一条“淫秽法则”来运转的，这条法则导致了公共领域和私人空间的内爆，展现的是日常生活中最私密和乏味的层面[①]。凯尔纳立足于西方文化的传播语境，反思私密性带来的消极性后果，没有谈及私密性的积极作用。他的反思揭示了大众传播媒体的共有特性，而我们还应该立足于中国语境，在研究当代综艺节目的过程中把握好私密性与公共性的关系。

一、《超级女声》节目中的私密性形式

上文探讨了各种支援形式如何提升《超级女声》平民公共性的过程，事实上这也是《超级女声》确认私密性及个体价值与精神追求的过程。下面首先对《超级女声》的私密性形式进行部分梳理和归纳。

（一）选手的学习生活

例如，全国十强入围赛第二场，VCR 展示了选手们一周的学习过程和生活细节。

（1）选手的录歌情景。例如：“我刚才录这首歌的第一句，把我累死了，我感觉比录一首歌还要难。”

（2）录音间隙选手不同的情状：有睡觉的，有吃饭的，等等。例如：“心里还是有点怕，但是会用自己最好的状态去唱。”“萝卜而已，没有任何肉在里面。”

（3）外拍的镜头展示选手的不同姿态，以及选手在车子上防暑抗高温的情景。甲说：“哎呀，好难喝，什么味道啊？”乙说：“一口气喝下去！”甲说：“不行，我会呕，我刚刚都差点呕了。”乙说：“中了暑之后你会更加难受，喝！”甲说：“那我要到外面喝，怕我会呕。”

（4）VCR 展示在彩排活动中来自广州的编导紫燕，表现了她的活泼性格。

（5）课余时间选手们在包间唱歌。陆毅到场并鼓励她们。孙红雷和黎明通

① 凯尔纳：《媒体奇观：当代美国社会文化透视》，史安斌译，北京：清华大学出版社，2003 年，第 25 页。

过 VCR 鼓励和祝福选手们。[①]

又如，在全国八强诞生赛中，主持人李湘说："很多选手来到了长沙，她们在忙些什么呢？我们来看一下。"

"超级女声日程表"：和声训练、外拍试装、激情夏日、音乐课堂、写离开舞台时的心里话装在信封里[②]。

（1）其中，外拍试装特写了一个戏剧性对话。甲说："谁的手机掉厕所里了？"乙说："啊，不会吧？"丙说："怎么会发生这样的事？我要疯掉了。"

（2）激情夏日特写选手们在游泳池与一位小男孩共同戏耍。

（3）音乐课堂详细展示了评委老师辅导选手的情景。

再如，在全国三强诞生赛中，VCR 展示了选手们上和声课的情况——《超级女声》和声训练课：呼吸训练、和声基本音程训练、乐器模仿训练、彩云追月[③]。

以上三个案例展示了选手们的学习过程，言行富有个性化、私人化，学习情况、休息时间、户外行程、生活琐事等，这些属于私人领域的内容均通过 VCR 展现于舞台上。然而，这些选手已经不再仅仅是代表个人的生命体，而是社会性的个人，代表了社会尤其是"粉丝"投射的文化符号，因此，这些私密性事务一旦在公共空间里传播，就能引起观众的兴趣和好奇，推动社会的信息交流。

（二）选手的个人喜好

例如，广州唱区的选手们在评说过程中揭露了易慧的爱好。选手甲说："刚刚说完要减肥，然后转过头就说'我好饿'。"选手乙说："只要有人说，'易慧，要不要吃东西'，她就说'好啊好啊，马上就去'。"选手丙说："然后提醒她说，'你不是要减肥吗'，她说'啊，我吃完再说'。"选手丁说："她属于那种比如说，这边说好，这一餐不吃了吧，在大家面前没有吃了，然后晚上就自己偷偷地跑出去，买了点东西回来，然后呢还不能在大家面前吃，在厕所里吃，然后去慢慢地把它吃完，吃饱了以后再出现在我们大家面前，然后结果被我们大家发现了。"选手乙说："告诉你们一个秘密，我们参加比赛每一个都瘦了，就是易慧胖了。"[④]

再如，《超级女声》成都唱区 7 进 5 晋级赛中专门设置了"我的童年"环节，选手们来到了学校，回忆跳皮筋、滚铁环、玩沙包、玩弹珠等童年趣事[⑤]。

《超级女声》在节目的间隙，通过 VCR 播放选手们的私密性生活，向观众

---

① 《超级女声 2005 总决选十强入围赛第二场》，http://www.tudou.com/programs/view/lRxXCPiSRKA/。
② 《超级女声 2005 总决选八强诞生赛》，http://www.tudou.com/programs/view/kHcdpEkdtls/。
③ 《超级女声 2005 总决选第六场五进三》，http://www.tudou.com/programs/view/q3kKj_s9XPA/。
④ 《超级女声 2005 总决选十强入围赛第二场》，http://www.tudou.com/programs/view/lRxXCPiSRKA/。
⑤ 《2005 超级女声成都唱区 7 进 5 晋级赛》，http://www.letv.com/ptv/pplay/1863/7.html。

讲述了选手们的个人喜好和性格。这些私密性的描述事实上更多地向观众展示了一个完整的选手形象。

（三）选手的个人情感

一方面是选手的个人表达，即选手发表对自身参加比赛、亲人、朋友的评价和感受。其中，在全国总决赛8进6和6进5的晋级赛中，选手们则采用信件的方式，表达内心情感。例如，易慧和黄雅莉分别在舞台上宣读已经写好的信件：

我心里是多么地舍不得，还记得上一场我的好朋友李娜，她离开时候的一句话让我记忆犹新，她要我带着她的音乐梦想一起飞翔，我想这是多么好的一件事啊，在学校里，她是我的师姐，我们因为音乐而认识，然后一起写歌，然后一起参加比赛，然后一起 PK，今天我想对她说，我会把我们的梦想交给留在舞台上的其他姐妹们，一定要加油！（易慧）①

我给自己设定目标，我要更努力地唱歌，因为我们都是一群喜欢音乐梦想的女生，我要让大家看到黄雅莉也是可以把歌唱好的。还有爸爸妈妈，在练歌的时候我很懒，不想记歌词，你们对我的要求非常严格，有时我还很不耐烦，其实我很难过，我想对你们说，你们的女儿很争气，我已经尽全力了，谢谢，我可以回家了。（黄雅莉）②

易慧通过信件回忆了与李娜的相识和共同奋斗的过程，黄雅莉对自我目标的设定、对父母的表白，无不展示了选手个人的内心世界。

另一方面是亲朋好友的情感展示。《超级女声》中的亲人情感展示，大多属于亲人的“支援”形式，兹不赘述，但需要指出的是，这种情感展示多以“私人性”的形式出现。例如，《超级女声》成都唱区7进5晋级赛中，何洁为了表达对妈妈的一片感激和孝心，她要给妈妈做一道菜，随后镜头全程展示了她去超市买菜、做菜，以及和母亲见面的全部过程和细节③。电视镜头使“私人性”事务得到了充分展示。

（四）选手的私人空间

《超级女声》为了全面展现选手的风采，展示了很多选手的日常生活场景。杭州唱区总决赛介绍某选手时，镜头展示了她在宾馆的“家”：一眼望去床上一

---

① 《超级女声2005总决选第四场八进六》，http://www.tudou.com/programs/view/TBH7OdF-RNQ/。

② 《超级女声2005总决选第五场六进五》，http://www.tudou.com/programs/view/2qwOIVOmhKg/。

③ 《2005超级女声成都唱区7进5晋级赛》，http://www.letv.com/ptv/pplay/1863/7.html。

堆乱七八糟的衣服。郑靖文忙说："不要拍，不要拍，为了比赛，方便嘛。"[①]2011年的《快乐女声》则沿用了这一环节，在杭州赛区50进30淘汰赛中，"手机自拍推荐"的拍摄地点也多为选手的住处。

总之，私密性在《超级女声》节目中包含了两个层面的内容：一是个体化的隐私；二是个体与他者之间的亲密和私密关系。在各种私密性形式中，选手的内心情感、选手的日常生活占据主要内容。接下来将讨论节目的私密性展示，在哪些方面有助于建设公共领域，哪些方面却形成了一种障碍。

二、私密性与《超级女声》的公共性

季卫东认为，"中国社会自古代以降就建立了复杂的关系网络，信息化时代又造就了新式的网络结构，无论如何，人际关系是一个层面，网络结构是另外一个层面，这两个东西在今后中国我认为都是不会消失的"[②]。在他看来，这并不是赞美关系网络，也不是寄希望于关系网络，他只是在强调作为关系性存在的个人必然导致制度设计有所不同。私人领域和公共领域是在人与人之间的关系中形成的，它们作为关系性的存在，需要我们在制度设计和实践中正确看待私人领域、私密性与公共领域的关系。

阿伦特认为，"公共领域消失的最后阶段应当同时伴随着清算私有领域，这看来好像是公私领域关系的本质"[③]。换言之，公共领域与私人领域相辅相成、互为存在，私密性与公共领域有着密不可分的关系。郝雨说："在物质生产高度丰富的现代社会，依托高科技和新材料的传播媒介越来越发达，人们信息交流的渠道已经极其便捷和畅通了，然而，人与人之间的现实隔绝却越来越严重。"[④]在他看来，个体内心的空间，以及人与人之间面对面的直接敞开心扉的传播和交际，却反而越来越狭窄和困窘。许多血缘最为亲近和关系最为密切的人与人之间，却根本无法进行毫无保留的倾诉与对话。桑内特在《公共人的衰落》一书中也详细描述了这种状况，按照桑内特的观点来看，公共领域问题取决于人们和陌生人说话的方式是自恋式人格还是超越自恋的非人格，而不仅仅从空间地域上，或是个体与集体的形式上划分。在桑内特看来，和陌生人说话的方式就是人们能够投入某种情感到"非人格"的领域，而不是自恋，这样的公共领域才不会萎缩。[⑤]因此，考察公共领域的存在与否取决于人们的表达是将情感投入"非人格"领域还是在个人领域形成的自恋人格。

① 《超级女声杭州唱区总决赛》，http://www.tudou.com/programs/view/rOztiGcGYtk/isRenhe=1。

② 转引自梁治平：《国家、市场、社会：当代中国的法律与发展》，北京：中国政法大学出版社，2005年，第120页。

③ 阿伦特：《人的条件》，竺乾威、王世雄、胡泳浩等译，上海：上海人民出版社，1999年，第47页。

④ 郝雨：《媒介批评与理论原创》，上海：上海三联书店，2009年，第45页。

⑤ 桑内特：《公共人的衰落》，李继宏译，上海：上海译文出版社，2008年，第424-425页。

由此，我们来考量《超级女声》的私密性。有些私密性事务具有促进人与人之间谈论交流的作用，如选手个人喜好、个人情感的展示，这都赋予了节目以人格因素。“只有当我们能够在各种制度和事件中察觉到人格因素的作用时，我们才会去关心这些制度和事件”①，只要这些人格因素没有完全变成选手的自恋人格或超越了自恋人格，私密性的展示就有利于激起日常生活世界的议题和受众讨论的兴趣。

另外，私密性展示在一定范围内使公共交流获得具体形象的感知，有利于参与公共交流的受众了解选手的另一种生活、另一种形象、另一种未能表达出来的情感。显然，这些促进了受众对他者的关注，有利于公共领域话题的讨论和交流，同时也可以生成各种社会话题。例如，在《超级女声》成都唱区 7 进 5 晋级赛中，西贝的母亲给她送上幸运礼物、何洁第一次给母亲做菜等，都让我们了解了选手的另一面，从而形成了关于母爱的公共话题。

从上文梳理的各种私密性形式也可以看出，大多私密性描述并没有走向自恋，而是向外界敞开私人领域，传达已经超越“私人性”的内容，如学习的辛苦、坚韧的品格、朋友间的友谊、童年的记忆、母爱等，这些话题从个人的人格而来，但又回归“非人格”，已经具有普世性价值，我们认为，这些私密性有助于公共领域的建设。因此，对于《超级女声》而言，私密性应该“是一种和自我及其直接的经历、处境、需求保持一定距离的行动”②，换言之，这种私密性既从自我出发，又脱离自我的意义，获得“非人格”意义，具有社会内涵，这样的私密性才会获得公共性。当然，这些私密性的展示不能导致自恋人格的形成，否则会妨碍公共领域的建设。下文将详细讨论。

第四节　《超级女声》的平民公共领域建设问题

上文主要讨论了《超级女声》在产业化运作背景下各种“支援”形式与平民公共领域建设之间的关系。从某种意义上说，粉丝社团、各种支援行为推动了《超级女声》的平民公共领域建设，不过，这些“支援”行为背后隐含着中国特殊的政治经济学逻辑，出现了一些值得反思的问题。

一、政府规制中的政治利益与公共利益模糊

本章第一节提及了国家广电总局的两个规制文件：《关于进一步加强广播电视播出机构参与、主办或播出全国性或跨省（区、市）赛事等活动管理的通

① 桑内特：《公共人的衰落》，李继宏译，上海：上海译文出版社，2008 年，第 424 页。
② 桑内特：《公共人的衰落》，李继宏译，上海：上海译文出版社，2008 年，第 109 页。

知》（以下简称《通知》）和《广电总局关于同意湖南电视台举办〈超级女声〉活动的批复》（以下简称《批复》），现将政治利益和公共利益进行对比。

政治利益方面，《通知》要求“赛事活动必须树立政治意识、大局意识和责任意识，坚持正确的舆论导向”“赛事环节都要符合建设社会主义先进文化要求”。《批复》要求“积极体现以‘八荣八耻’为主要内容的社会主义荣辱观，牢固树立政治意识、大局意识和责任意识，坚持正确的舆论导向”“按照建设社会主义先进文化、加强未成年人教育及加强大学生思想政治教育和当前宣传工作的总体要求”“湖南电视台要始终坚持媒体的党性原则，坚持正确的舆论导向”。可以看出，政府规制中的重要内容就是要求电视综艺节目体现国家意识形态要求，维护国家意识形态安全。

公共利益方面，《通知》要求“坚持正确的舆论导向，坚持三贴近原则，各类赛事活动要积极向上，健康高雅，愉悦身心，陶冶情操，体现正确的世界观、人生观和价值观”“播出的节目要力戒庸俗、低俗的现象，不能迎合少数观众的猎奇心理、审丑心态”。《批复》要求“遵守宣传纪律，要把社会效益放在首位，使活动健康有益地顺利开展，防止负面效应”“赛事活动的评选过程、评选标准、赛事规则都要体现公开、公正、公平的原则，防止出现商业欺诈、商业贿赂”。

正如周亭所言，政府对于电视娱乐节目的规制体现了政治利益和公共利益的双重目标，一方面要求娱乐节目维护国家意识形态体系，另一方面要求娱乐节目教育大众，传播高品位文化[①]。政治利益与公共利益的杂糅会出现两种情况：一是以政治利益代替公共利益，不利于综艺节目对公共利益的关注；二是政治利益与公共利益一致，政府的规制会维护和保障公共利益。因此，政府规制对于综艺节目的影响比较复杂。另外，政治利益与公共利益的模糊容易导致一个问题，即政治利益对公共利益的干涉缺少标准尺度。

例如，《通知》要求“各级广播电视播出机构参与、主办或播出的全国性或跨省（区、市）赛事活动一律不设奖金奖品”“参赛选手的发型、饰品、服装不能低级媚俗，要符合大众审美观念”“评委点评要实事求是、积极健康、平等善意，不搞不切实际的吹捧，不搞令参赛选手难堪的责难，不以非理性的褒贬来取代知识性的引导”。《批复》要求“要以短信投票与评委打分相结合的方式产生选手名次”“分赛区设置保持去年5个城市的规模，不再扩大”“参赛选手的台风、语言、发型、饰品、服装要符合大众审美观念，不能低级媚俗”“评委点评要实事求是、平等善意，不搞不切实际的吹捧，不搞令参赛选手难堪的责难，不以非理性的褒贬来取代知识性的引导，不能把评委岗位作为自我表

① 周亭：《中国电视娱乐产业研究：一种生产者的视角》，北京：中国广播电视出版社，2010年，第137页。

现、包装炒作、借机成名的舞台”，“活动中主持人和播出现场不得有引导观众支持某个选手的行为活动，对歌迷形成的派别不得宣传炒作和在电视画面上渲染。选手、歌迷、亲友、主持人在活动中的不当表现，要及时删除”。

可以看出，政府规制对节目的一些具体细节做了详细规定，既有对电视综艺节目启蒙功能的要求，也有对节目的过分干预的现象，进而压制了节目制播的自由空间。在《通知》和《批复》中，这些要求和规制常以相同的内容进行重复和强调。政治利益与公共利益的模糊，使政府规制常常以维护公共利益的名义规制节目内容，有时却恰恰损害了公共利益，导致节目在制播过程中常常处于两难境地。

二、节目过于商业化

上海明略市场策划咨询有限公司在对《超级女声》的调查中，追问了一些不喜爱收看该节目的观众。调查数据显示:“过分商业化，都是广告”成为受访者的首选，中选率达到53.8%；“比赛进度太慢”的中选率也较高，为41.3%；“不像比赛，像在作秀”的中选率为28.7%，位于第三位。上海名略市场策划咨询有限公司的研究人员认为，任何娱乐性的节目或者比赛在进行的过程中，除了会被一部分观众接受并喜爱，同时也会有一些方面不被观众接受甚至排斥，在所有对《超级女声》表示不满的说辞中，“过分商业化”的出现频率一直位于榜首。①由过分商业化带来的“炒作”“作秀”“低俗”的批评也非常多，而这一切与节目追求收视率分不开，商业利益的追求、收视率的追求与节目低俗化形成了因果关系。这三个方面给公共领域的建设带来很多不利因素。

首先，降低受众参与节目的积极性，不利于公共领域的建设。电视综艺节目的公共领域首要特征是向受众开放，只有受众参与进来，公共领域才有可能建设。上海明略市场策划咨询有限公司的调查说明了过分商业化会使观众抵制节目，第四章将探讨的《中国达人秀》节目同样面临着商业广告过多的问题。

其次，节目低俗化易于激发观众“私人性”的窥视欲，而忽视社会议题。例如，成都唱区的某选手不是以艺术素质，而是以大嗓子及向评委要一杯蒙牛酸酸乳喝而吸引观众，并在观众的“审丑”心态下走进20强。这种病态的窥视欲使观众忽视了社会议题，不利于公共领域的建设。

最后，缺少知识性传授与舆论引导。《超级女声》的评委在海选阶段被称为“毒舌”“另类评委”，这成为节目的一个“卖点”，但也遭到了很多人的否定。如果评委不能进行专业知识上的传授与正确社会舆论的引导，一味追求

① 钱庆:《〈超级女声〉火爆荧屏的秘密：5 城市观众调查》,《市场研究》，2005 年第 9 期，第 18-19 页。

另类和尖刻，将无助于公共领域的话题讨论。

商业利益的追求促进了广大受众之间的接触、交流，但过分追求收视率及商业利益，最终会“娱乐至死”，公共领域也会随之衰落、消失。

三、私密性带来的诸问题

对于中国社会而言，建设公共领域的一个重要问题是，“防止公共领域的过密化与私人领域的过密化两个极端情况的出现。公共领域的过密化会导致权力公共性的丧失；私人领域的过密化同样会导致公共关注的丧失，在论题所及的问题上讲，我们尤其要看到在现代情景中私密化社会的危险性”①。任剑涛强调了私密化对于公共领域的危险性。就《超级女声》而论，私密性发挥了一定的积极作用，但我们也要看到私密性带来的诸多问题。

首先是私密性本身的消极性问题。节目中所展示的私密性，有些并不利于公共领域的建设，如个人生活空间的展示、外拍时手机掉进厕所的细节等。节目通过这样的展示满足了受众的窥视欲望和捕捉隐私的冲动，如果没有把握好“度”，过长时间展现一个人的私人情感、生活、性格、爱好，就会使私密性陷于私人领域，甚至仅仅停留于人格自恋的层面上，这样就丧失了感动他人，引发公共话题，进而上升为“非人格”的机会。例如，上文曾提及的，在《超级女声》成都唱区 7 进 5 晋级赛中，何洁给母亲做菜的过程，如果叙述私密性事物控制在一定时长和比重之内，这种表达孝敬的镜头会将私密性从个人人格上升为“非人格”，形成社会性话题；而节目用时 8 分 20 秒展示选手从采买到烹饪全过程的方方面面来表现何洁的孝心，其过多的渲染易于导致何洁孝心的表达成为自恋式的展示，不具有社会性的意义，因而这样的私密性反而会阻碍公共领域的建设。

其次，我们来探讨“粉丝”社团的过度私密化问题。《超级女声》的“粉丝”社团是在交换信息、交流情感的情况下形成的，具有很强的凝聚力和行动力。作为一种新型社群，“粉丝”社团促进了人与人之间的交流和互动，打破了封闭，围绕某个论题进行讨论，进而分享情感，这有助于公共领域的建设。然而，这种交流和紧密联系容易导致“粉丝”社团过度的私密性，如果缺少组织和引导，这种过度的私密性不利于公共领域建设。

例如，2005 年《超级女声》的“粉丝”社团出现了有名的“舒穆事件”（或称为“sm 事件”“812 事件”）。张靓颖、李宇春、何洁都来自成都，一开始“凉粉”“玉米”“盒饭”联合起来相互支持对方的选手，被称为“成都小吃团”，

---

① 任剑涛：《私密化与公共关怀：当代中国为例的讨论》，载任剑涛、彭玉平：《论衡・第四辑》，广州：中山大学出版社，2006 年，第 324 页。

但随着比赛愈加激烈，“玉米”的领导人物之一舒穆在8月12日号召“只支持自己喜欢的歌手，做纯粹的玉米”，“成都小吃团”分裂了。据分析，舒穆的用意在于，张靓颖为李宇春的最大竞争对手，因此在张靓颖最需要短信支持的时候予以打击，避免其利用李宇春的人气。“玉米”和“盒饭”随后迅速和好，而与“凉粉”形成永久分裂。[①]“粉丝”社团的分裂是由恶性竞争导致的，在缺少正确引导的情况下，“粉丝”情绪化的宣泄和恶意排斥，严重阻碍了“粉丝”之间的交流。他们关注的不再是严肃的议题，而是比拼票数和人气、比声势和数量，甚至为座位、横幅之类的琐事闹得不可开交。有的“粉丝”还无端挑起事端，恶意攻击对方选手，一时间感情用事、相互诋毁和谩骂等情况弥漫于网络论坛。这都不利于理性的情感交流和话题讨论。

粉丝社团的过度私密化导致公共关注的丧失，在谩骂、诋毁、猜疑当中也无法生成公共话语。因此，“粉丝”社团需要舆论的引导，使其将注意力投入到公共事务当中。后来的实践证明了这点，国家广电总局发文对此进行了规制，维护了公共利益，因而《超级女声》就此进行了相应改进，如鼓励选手们积极参与公益活动，“支援”社会弱势群体。例如，2005年《超级女声》上海演唱会通过捐款赠票、拍卖选手礼物等形式，为上海市弱势群体筹集资金106万元，2006年冠军尚雯婕捐出慈善物品进行拍卖等。[②]粉丝的行为被引向社会公共事务，有利于促进社会话题的生成和讨论。然而，《超级女声》举办这样的活动还非常少，“粉丝”社团内部的自我规范和引导更是缺乏。

总之，政治利益与公共利益的含混、节目商业利益的过分追求，以及过度私密化都会给《超级女声》的公共领域建设带来消极影响，而这些不利因素或多或少也存在于当代中国其他电视综艺节目之中。

---

① 唐浩：《大话超女：对一个娱乐神话的解析》，北京：北京出版社，2005年，第219-220页。

② 果燕：《超女巡演上海站曲目曝光 冠亚军多唱一首》，http://ent.ifeng.com/music/200611/1107_10_29678.shtml。

第四章　日常生活话题：以东方卫视《中国达人秀》为例

作为“舶来品”，《中国达人秀》是《英国达人》在中国的第一次版权落地，其在赛制、舞美、标准化制作、评委和主持等方面既强调对知识产权的尊重，也追求节目自身的创新。在当代中国的选秀节目进入所谓的“七年之痒”时，《中国达人秀》的版权引进和创新，在内容与形式上都带给中国观众耳目一新之感，可谓“逆势而上”。本章以《中国达人秀》为例，意在探讨：中国电视综艺节目在吸纳和转化国外先进经验的基础上，进行了哪些创新和发展？进而言之，在主持人角色转变的情况下，评委、观众及场外的受众如何进行交流？节目如何通过评委的特殊安排将话题扎根于日常生活世界？其中形成了哪些公共话题？话题生产和激发的方式有哪些，其途径是什么？《中国达人秀》在建设平民公共领域方面还存在哪些不足？下面将逐步讨论这些问题。

第一节　真与秀：生活世界的植入与话题生产

以公共领域为视角，《中国达人秀》是否给中国观众带来了诸多公共话题？在中国传媒语境下，话题生产的途径是什么？这些话题与民间文化尤其是平民的日常生活有何关系？我们首先在一般意义上探讨“真”与“秀”的关系，然后进一步探讨《中国达人秀》生产了哪些公共话题。

一、“真”与“秀”的关系

在探讨“真”与“秀”的关系之前，首先界定两者的表现形式。按照苗棣等的观点，真人秀“是由制作者制定规则，将普通人在假定情境与虚构规则中真实生活的过程录制下来并播出的电视游戏节目”①。虚构性与纪实性是其重要特征，这是由节目“真”与“秀”两个方面的特质所决定的。刘利群、傅宁进一步以美国真人秀节目为例，阐述了“真”与“秀”的表现形式。“真”，

① 苗棣、李黎丹、赵长军等：《中美电视艺术比较》，北京：文化艺术出版社，2005年，第143-144页。

一方面是指节目参与者并非扮演特定角色，而是在特定情境和规则下将真情实感、语言、行为、自我个性自然流露；另一方面则是强调表现手法的纪实性。“秀”则是具有某种程度上的部分肢解纪实特征，用戏剧性的情节或游戏环节来支撑节目的娱乐性，使节目在细节真实的基础上实现虚拟的表演性。“秀”的成分主要体现在三个方面，即节目设置的特定情境、参与节目的各种规则和奖励，以及参与者在面对镜头时刻意的夸张表现。在刘利群、傅宁看来，真人秀的巧妙之处就在于将“真”与“秀”相融合，实现了“真中有假，假中有真”的表现形式，而正是戏剧性的冲突和诱人的奖励，调动了受众的收看兴趣和参与热情①。这些特征同样符合《中国达人秀》节目，《中国达人秀》的真正亮点也在于此。然而，中国在引进和制作真人秀节目时，必然会面临文化差异的考验。中国的真人秀在娱乐趣味、道德标准、人性深度的表达和调用方面都会受到中国特定的意识形态、文化传统、社会价值观念，甚至生活方式的制约和规定，西方达人秀节目中最为吸引观众的因素——性、窥视和残酷的竞争对于中国来说都是国情与传统难以接受的，因此，《中国达人秀》节目在“本土化”过程中，去除了西方节目中残酷的生存淘汰、超常的隐私展示和性等因素②。

综合上述“真”与“秀”的表现形式，《中国达人秀》的“真中有假，假中有真”的艺术效果，具体体现为如下五个方面。

其一，参与者的平民身份，而非扮演特定角色。《中国达人秀》的口号是“平凡人也可以成就大梦想，相信梦想，相信奇迹”，“没有任何门槛，不限任何才艺”，这意味着《中国达人秀》是以平民百姓作为目标受众，把节目定位于展示任何一个普通人的梦想和才华。

其二，采用纪录片的纪实性表现手法。选手从报名的第一步开始记录他之后所有的表情、动作、心情，像流水线一样，一个人有七台摄像机跟着，现场共有 20 多台摄像机，捕捉观众、评委的每一个表情，完整记录表演、评委点评、主持人和观众反应等多角度画面，尽可能还原现场。③

其三，特定情境的设置，体现在表演舞台和表演场地上。《中国达人秀》强调该节目是普通人实现“梦想”的舞台，普通人也可以成就大梦想。因此，《中国达人秀》表演的场地设立在剧院里，强调了仪式感和对小人物的尊重。例如，上海音乐厅具有 80 年历史，曾经几乎仅对一流音乐家和乐团开放；上海 8 万人的体育场也是王菲、周杰伦等名人演出的舞台；节目巡演的场地则选择了

① 刘利群、傅宁：《美国电视节目形态》，北京：中国传媒大学出版社，2008 年，第 137-138 页。

② 苗棣、李黎丹、赵长军等：《中美电视艺术比较》，北京：文化艺术出版社，2005 年，第 143-144 页。

③ 《影视制作》编辑部：《达人是怎样炼成的：解密〈中国达人秀〉制作团队成功秘笈》，《影视制作》，2010 年第 10 期，第 11-12 页。

代表政治文化符号和荣誉的人民大会堂。这些庄重和仪式性很强的地方，是现实生活中普通人渴求但又难以企及的舞台。

其四，节目的赛制规则。《中国达人秀》的赛制主要参照《英国达人》，比赛分为海选、半决赛、决赛三个阶段，但也进行了适当的调整，如增加了媒体评审团的投票表决环节等。

其五，参与者的夸张表现。有些选手为了获得评委和观众的喜爱，面对镜头作秀，凸显自我个性和才艺，有的装束奇异，有的肢体语言夸张，有的甚至反串性别角色进行表演等。

“真”与“秀”是“真中有假，假中有真”，其真假融合带来的魅力是真人秀节目吸引受众的重要原因。对于《中国达人秀》而言，“真”缩短了节目与平民受众之间的情感距离，能够激发各种日常生活议题；“秀”则把议题的讨论融入娱乐的形式之中，受众在轻松快乐的氛围中实现情感的分享和共鸣。“真”与“秀”的关系使《中国达人秀》节目既能将议题设置内化于日常的生活世界，又能高于生活，体现出娱乐性、观赏性。当然，《中国达人秀》面临的挑战在于如何把握好真假融合的“度”，让受众感到真实，同时又提升“秀”的娱乐性，并在提升娱乐性、观赏性的同时，将观众的注意力引向公共话题，而不陷于私人领域的关注和种种质疑的漩涡中。

二、《中国达人秀》与日常生活话题

2010～2011 年《中国达人秀》举办了两季，共 19 期，此次统计排除了两季的总决赛[①]，将剩余各期所涉及的节目话题归纳为 12 类：生活、家庭、友情、健康、教育、体育、科技、艺术、社会、动物、娱乐、儿童（表 4-1）。

表 4-1　2010～2011 年《中国达人秀》话题分布表

序号	话题	2010 年/次	比例/%	2011 年/次	比例/%	总计/次	比例/%
1	生活	11	26	26	27	37	27
2	家庭	13	30	12	13	25	18
3	健康	8	19	11	12	19	14
4	艺术	3	7	11	12	14	10
5	社会	2	5	8	8	10	7
6	儿童	3	7	4	4	7	5
7	教育	1	2	5	5	6	4

① 两季总决赛的社会影响和争论很大，但评委与选手的互动、交流在层次和深度上都有所降低，其话题几乎沿袭前期节目，并没有多少新话题的产生，故此忽略不计。

续表

序号	话题	2010 年/次	比例/%	2011 年/次	比例/%	总计/次	比例/%
8	友情	1	2	5	5	6	4
9	体育	0	0	4	4	4	3
10	动物	1	2	3	3	4	3
11	科技	0	0	3	3	3	2
12	娱乐	0	0	3	3	3	2
总计		43	31	95	69	138	100

2010～2011 年两季《中国达人秀》的话题比例分为三个梯度。

第一梯度，占总话题 10%以上的话题有：生活类话题、家庭类话题、健康类话题、艺术类话题。这表明《中国达人秀》立足于日常生活提出相关话题，重视残疾人等弱势群体的声音，同时兼顾专业上的评论。

第二梯度，占总话题 5%～9%的话题有：社会类话题、儿童类话题。这一梯度内的话题体现了节目对社会的进步与丑恶现象有所关注，同时关注了儿童成长话题。

第三梯度，占总话题 0～4%的话题有：友情类话题、教育类话题、体育类话题、动物类话题、科技类话题、娱乐类话题。这些话题体现了《中国达人秀》节目话题的丰富性。

（一）生活、家庭、健康、艺术成为节目谈及的主要话题

（1）生活类话题包含的内容广泛，包括生活的梦想、毅力、得失、感恩、幸福、价值等话题。

其一，生活与梦想的关系话题。例如，第一季《中国达人秀》第 1 期，深圳民工街舞团的表演获得评委周立波的肯定，周立波说：“这足以表现我们中国现在民工的生存状态，他们也快乐，他们也有追求。”周立波提出了自己对民工生活理想的看法。第一季第 2 期，周立波表达了对山东农民李湘银的看法：“我觉得你有追求，有追求就有梦想，有梦想就有可能。”指出了梦想与实现梦想之间的关系问题。第二季第 2 期中，伊能静在评价歌剧院司机常淦时提出追求梦想要有浪漫的情怀。追梦、寻梦符合《中国达人秀》节目 “小人物，大梦想”的理念。

其二，毅力的相关话题。例如，第一季第 4 期，糖果酒组合表演前与评委进行了交流，主唱 Candy Wine 说：“很多人都说‘90 后’是‘非主流’，但

是我觉得我们四个还挺正常的，我们也想让大家知道‘90后’可以一样做出好的东西，我们一样有自己的追求。”评委伊能静说：“我们不能说‘90后’是‘脑残’，我觉得这样等于是在骂你们的下一个世代更糟……‘脑残’这种话是非常伤人的，以后你们也不要用，你们就是你们，你们的青春无可取代。”Candy Wine接着说：“我真的想说些话，无论我们四个人能不能走下去……我们玩乐队，被很多人骂，被很多人讲说我们不行，我很难过，为什么我们都还只是小朋友，为什么他们要说我们不行、我们不可以，然后玩乐队被家里人说‘你干吗不务正业’，很难过……”伊能静接着发表自己的看法，她说：“……我要说一句很重要的话，阻碍的墙是给不坚定的人的，对于坚定的人来讲，阻碍的墙是要让你跨越的。”表演完成后，周立波说：“孩子，我希望在你的下一轮能听到你比较积极向上的表现，18岁不应该有那么多忧伤，不要太在乎别人怎么看，不要觉得社会不在乎你，活出自己，好吗？”可以说，选手与评委交流的过程中谈到了社会如何看待“90后”问题、如何看待“90后”的精神面貌问题、如何看待理想与毅力的问题。这些话题离不开选手与评委的互动和相互激发。

其三，成功与失败话题。例如，第一季第2期，周立波对马海明说：“我希望你能够把今天的失败作为成功前的一次起跳，因为成功之前人都要蹲下，蹲下就是为了起跳，坦然地面对失败，比拥抱成功更像男人。”周立波在评点过程中提出了男人如何面对失败的话题。同期节目中，选手姚敏讲述了自己的不幸和艰辛，周立波评论说：“你要知道作为一个男人，作为一个父亲，不要‘展览’自己的痛苦和灾难，男人扛得住。”周立波提出了生活中的男性如何面对痛苦和灾难的话题。第一季半决赛第2场比赛中的“孔雀哥”表达的也是关于男人的担当话题。少数民族流浪歌手兰鸽的反串表演，正如高晓松感慨的那样，“这么多年的功夫没有白费”，说明了付出就有收获的道理。

其四，感恩、幸福、价值话题。例如，第一季第2期的节目中，周立波提出“‘80后’的幸福在哪里”的话题，寿君超采用饶舌的方式进行回答。第二季第1期的节目中，打工妹陈瑶瑶通过Rap的形式表达了自己对追求梦想的看法，同时在交流过程中评论了青春与金钱的关系，表达了对生活的感恩。第二季第2期中，高晓松评价了歌剧院司机常淦：“我觉得你是幸福极了的人，你知道这个世界上有多少人已经没有梦想了，只剩少数人有梦想也不敢去奋斗，我觉得你是最幸福的人，你有梦想，而且你愿意为这个舞台梦而奋斗。”高晓松的点评指出了人生价值与追求梦想的话题。在这一期节目中，弱听女孩闫娜娜在与伊能静交流过程中表达了生活的幸福感，电视字幕“卖烤鸭的弱听女孩舞动奇迹笑对人生”把这种幸福更加清楚地表达了出来。

（2）家庭类话题包括夫妻之间的爱情、父母与子女之间的理解与爱。

其一，夫妻之间的爱情话题。第一季第2期跳孔雀舞的姜师傅表达了夫妻间的不离不弃精神，阿石才与妻子的才艺表演体现了琴瑟相合的艺术境界；第3期的“鸭脖子夫妻”表达了爱情的伟大和平凡人的梦想；第4期高逸峰与妻子的对话表达了不离不弃的精神。第二季第4期喜悦和“蜘蛛侠”丈夫将爱情进行到底；第5期王爱奉唱儿歌“吉祥三宝”表达了夫妻恩爱；第6期68岁退休教师董云蓉给亡夫弹唱《因为爱情》的真情坚守、王艳利唱歌追求妻子的执着精神；第7期张玉华用6年时间唱醒植物人妻子的忠贞不渝的精神。第一季有4次、第二季有5次涉及了夫妻感情的话题，两季节目相对均衡。

其二，父母与子女之间的话题。例如，第一季第5期亿万富翁李秋成反串终于获得了女儿的理解；第6期西藏盲童表达了对父母的感激之情、唐氏综合征患者岳祥体现了伟大的母爱、父亲陪伴女儿张艾青跳舞表达了深深的父爱；半决赛首场川子和嘟嘟狗合唱表达了川子对女儿的爱，朱洁表达了对父母之爱的渴望，留学生丹尼斯表达了对母亲的愧疚和承诺。第二季第1期汤康敏表达了完成父亲愿望的孝心、雍梦亭为爸爸跳舞的孝顺；第2期吴永清用歌声呼唤母爱；第8期刘月清表演“忐忑柔术”鼓励儿子的良苦用心；人民大会堂巡演第1场胡启志对母亲的道歉、菜花甜妈渴望女儿的理解；人民大会堂巡演第2场吴永清表达了一种特殊的母爱。两季节目中，表达父母与子女相互理解的话题有4次，表达父母之爱的话题有10次。

（3）健康类话题主要包括残疾、健康（包含身体之美）两类。

其一，残疾身体与其达人精神形成强烈反差。例如，第一季第1期，刘俊峰叙述了他手指残疾时所体会到的母爱，袖珍人朱洁表达了自己的生活态度；第3期刘伟作为残疾人对生活的态度；第4期翟孝伟和马丽表达了“残缺同样可以创造完美”的观点；第6期患唐氏综合征的青年表达了自信。第二季第2期弱听女孩闫娜娜笑对人生；第3期蔡顶伦喊出“人残志不残”誓言；第5期郑桂桂否认自己因手部残疾而不幸福的知足态度；第7期自闭症患者叶慧莲和唐氏综合征患者袁梦龙表达的自信和毅力；第8期白化病患者龚泽艺表达自己的生活心态。这类话题总共出现了10次，体现了节目对弱势群体的关注。

其二，对健美、美丽进行评论。第一季第1期伊能静评点“温可馨白领肚皮舞团”时提出身材美丽性感的话题；第4期伊能静发表对老人漂亮的看法；第5期周国忠表达了锻炼健身的话题。第二季第4期黄舒骏评点张萍健美时提出认真最美的话题，黄舒骏评点麦克森健美时提出专业性问题、王中华展现的人体旗帜美；第5期“猛男组合”提出男性阴柔之美的话题；第6期周立波评点王芳时阐释秀外慧中之美的含义；第8期黄舒骏评点郑虹时阐述“美丽”的含义。这类话题总共出现了9次，体现了节目对社会审美观的积极引导。

（4）艺术类话题主要包括对艺术的理解和评价。例如，第一季第2期周立波评价寿君超时提出艺术的文化价值话题、高晓松评点徐宏东时提出音乐不在于嗓门高低而在于能否打动人的看法；半决赛第2场高晓松评点徐宏东时提出艺术的雅俗话题。又如，第二季第1期胡启志提出艺术在于享受过程的看法、高晓松在评点深圳农民工街舞团时提出艺术与炫技的话题；第2期伊能静评点吴永清时提出艺术不能只唱得好，最重要的是能唤起人的回忆的观点，周立波评点“耍牙妹”薛巧萍时提出艺术和人生的关系话题；第4期高晓松评点玉和情对音乐的尊重，评点菜花甜妈时评委指出艺术来源于生活的话题；第5期彭德铭表演逃脱术时提出艺术的民族性。再如，人民大会堂巡演第1场，姚明评点胡启志时提出艺术的静心和平静观点；彭德铭继续表达艺术的民族性观点；人民大会堂巡演第2场，伊能静评点卓君时提出艺术的生活感话题，汤康敏表达了“80后”对待中国传统文化的态度。

（二）社会类、儿童类成为节目提及的第二大话题

（1）社会类话题体现了对社会进步的肯定和对丑恶现象的讽刺。例如，第一季第4期高晓松肯定“温可馨白领肚皮舞团”所体现的社会多元化的进步；半决赛首场高晓松肯定寿君超对自由的呐喊和坚持精神。又如，第二季第3期周立波对曹建淼吹唢呐的打假；第5期王爱奉提出生育话题，周立波连续对马圣洲、凌春江的打假话题；第7期周立波对李寿龙的打假话题；第8期房存昌提出为平民呐喊而歌唱的话题。再如，人民大会堂巡演第1场，杨澜评论王爱奉时提出女人与生育话题。

（2）儿童话题。例如，第一季第4期周立波提出童言无忌，第5期张冯喜提出奶粉事件，半决赛首场英伦组合提出学习偷懒话题。又如，第二季第2期郭利忠父子提出了儿童与梦想话题；第3期潘玥琳表达了自己对比赛的看法；第5期乌达木表达的母爱。再如，人民大会堂巡演第1场评点乌达木时，评委讨论的儿童与做事的问题。

（三）友情、教育、体育、动物、科技、娱乐是节目的第三大话题

（1）友情类话题。第一季半决赛第2场评点“力量组合”时评委提出的信

任问题。第二季第3期“最终力量”阐述了兄弟之情，第4期玉和情阐述了他和弟弟的兄弟之情，第5期王海亮和胡梦周阐述了兄弟情谊话题，第7期“功夫派”提出珍惜兄弟情谊的话题。人民大会堂巡演第2场杨澜评点“功夫派”时提出侠义精神。

（2）教育话题。第一季第1期老人匡壁如的学习精神。第二季第1期雍梦亭与周立波交流过程中出现的年轻人的知识素养问题，第3期潘成濠的陈述提出了儿童舞蹈普及问题，高晓松与杜凯、刘恋交谈过程中提出学习的动力问题，第8期宋守莲提出学习识字话题。人民大会堂巡演第1场郑桂桂提出了学习知识的必要性话题。

（3）体育话题。第二季第1期“劲灌中国龙”提出体育的民族性问题，第6期安东提出执着追寻奥运梦的话题，第7期“功夫派”提出永不言弃的话题。人民大会堂巡演第2场安东的奥运梦话题、“功夫派”的中国功夫精神话题。

（4）动物话题。第一季第5期川子与狗唱歌提出善待动物的话题。第二季第1期宠物模特表演展示动物的可爱，第4期小狗识别人民币体现动物的智慧；第7期张奋郦的动物催眠提出爱护小动物的话题。

（5）科技话题。第二季第1期哈尔滨工业大学的“仿人机器人”团队提出科技发展与民族自豪感的问题，卢驭龙提出科技信念话题。人民大会堂巡演第1场杨澜评点卢驭龙时提出科学与生命的话题，评委进行了争论。

（6）娱乐类话题。第二季第4期史峰的无厘头搞笑，杨宝善现象；第7期邵美麟的“出乎意料女”话题。

以上归纳表明，《中国达人秀》涉及的话题主要来自日常生活，话题广泛，其倾向也非常明显，同时两季节目话题的侧重点也不同，下面将两季节目进行对比，揭示话题发展的趋势。

三、第一季与第二季的话题比较

图4-1显示：

（1）第一季《中国达人秀》涉及的话题有9类，主要有家庭、生活、健康、艺术、儿童、社会、教育、动物、友情类话题。其中，家庭、健康、儿童类话题比重明显高于第二季。

（2）第二季节目涉及的话题有12类，比第一季多了体育、科技、娱乐类话题。其中，艺术、社会、教育、友情类话题比重明显高于第一季。

（3）两季节目涉及的生活类话题比重基本相当。

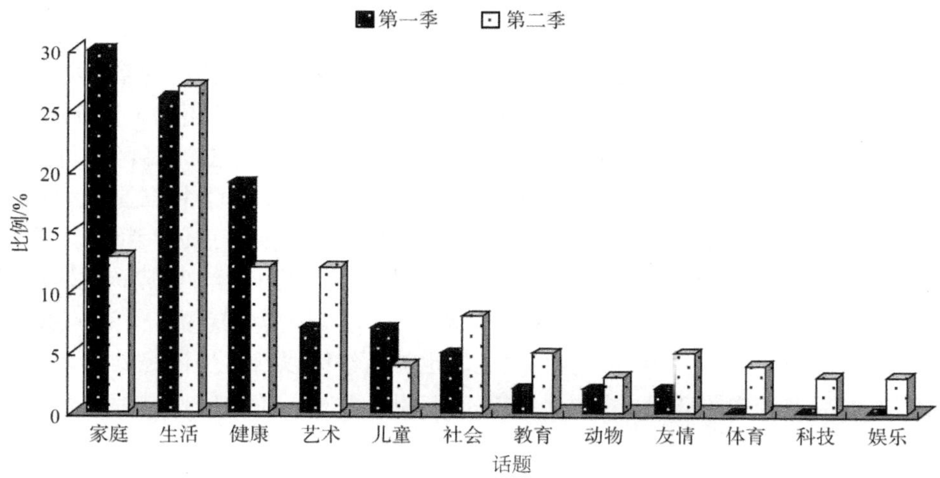

图 4-1　第一、第二季《中国达人秀》话题分布对比图

以上统计显示了《中国达人秀》发展的三大趋势。

首先，第二季节目降低了家庭、健康、儿童类话题的比重，提高了艺术、社会、教育、友情类话题的关注度，这种变化离不开节目组的有意安排。以第 1、第 2 期的话题为例，一个注重传承，一个注重创新。总导演金磊说："在第一、二集中，我们故意在 80 后年轻人中去找到传承传统文化的个体。我们又同时塑造 90 后的年轻人，像闪电侠这样子，去创新。"他们的故事引出来的不是煽情而是思考，"他们这一代人，自己就是创造力。包括在第一集当中我们故意放了一个口琴女孩和一个卢驭龙。我们想做一个对比，口琴女孩最后为什么说她想告诉爸妈自己可以成长了，因为她现在的梦想是爸妈强加给她的，太多的中国小孩都是这样子的。像卢驭龙这样坚持自己的孩子，如果他的父母在他小时候发现他有这样的天分，去支持他鼓励他，给他一些帮助，他就不会被炸成这个样子。这还是我们教育的悲哀"①。金磊的一番话表明，第二季节目中增加了社会、教育话题与节目策划有关，反映了制作方的节目诉求。

其次，第二季节目提出了一些新的话题，如体育、科技、娱乐类等。这反映了《中国达人秀》节目融入日常生活的力度和广度提高了，同时也反映了节目主题走向多元化、情感走向多元化。节目宣传总监祜伟称，第二季《中国达人秀》的煽情点不再局限于草根励志及情感的倾诉上，而是趋于多元化。②就"娱乐"话题而言，其中的无厘头现象、杨宝善现象、邵美麟的"出乎意料女"

① 齐帅：《80、90 后们：轮到你们"秀"了!》，《南方都市报》，2011 年 5 月 21 日。
② 勾伊娜：《"达人"归来煽情依旧》，《新京报》，2011 年 5 月 3 日。

现象都是第一季所缺少的，体育、科技的展示，则更加全面地反映了平民大众的生活状态和梦想追求，取得了良好的表演效果。例如，陆伟接受采访时说，安东表演的技巧令《中国达人秀》的外国导演十分感动，称其超越了民族文化，是一种无须用语言就能让所有人感受到力量的表演。①更重要的是，节目的多元化能够使主题不断创新，正如节目总导演金磊所言，第二季将在原来的基础上提高评判标准，除了有才艺、有梦想、有故事外，还要有点创新精神，“来点反传统的”②！反传统就是强调多元，强调内心的自由和个性，应该说这是第二季《中国达人秀》节目内容的创新，也是第三季节目内容创新的一个起点③。

最后，继续保持生活类话题的关注，也就是继续以日常生活经验为话题的来源，生活的梦想、毅力、得失、心态、感恩、幸福、价值等话题都占有很大比重。

第二节　话题激活方式：观众与评委

上文讨论了 2010～2011 年《中国达人秀》所论及的各种话题，这一节将采用实证研究的方法，探讨话题激活的方式和过程，考察受众与节目的互动情况。从实践情况来看，两季《中国达人秀》的话题激活方式主要有两种：一是在场的观众、选手与评委的互动；二是节目之外，受众借助各种媒介手段进行讨论和交流。

一、节目之内评委、选手、观众的互动

《中国达人秀》采用《英国达人》的制播模式，“主持人是烘托选手的配角，不在舞台上，而在侧幕，不用任何化妆造型”④，一般而言，主持人是娱乐节目的重要角色，《中国达人秀》则挑战了中国观众的观看习惯，将主持人视为一名观众，“我首先是一个观众，我要投入地欣赏选手的表演，感受他们的情绪，用自己的情绪与选手进行互动，然后通过我们的互动激起观众的共鸣”⑤，《中国达人秀》主持人程雷如是说。主持人与观众关系的变化，真正将《中国达人秀》的舞台归还“达人”和观众，同时也有利于选手、观众与评委的互动。

① 林艳雯：《〈中国达人秀〉第三季启动 瞄准“世界型选手”》，《青年报》，2011 年 8 月 18 日。

② 莫斯其格：《第二季“达人”要反传统》，《广州日报》，2011 年 1 月 18 日。

③ 金磊：《让〈中国达人秀〉成为国人的励志书》，《中国艺术报》，2011 年 8 月 15 日。

④ 《影视制作》编辑部：《达人是怎样炼成的：解密〈中国达人秀〉制作团队成功秘笈》，《影视制作》，第 2010 年第 10 期，第 11 页。

⑤《程雷挑战全新主持风格〈达人秀〉当“人来疯”》，http://ent.sina.com.cn/v/m/2010-07-25/ 10223028538.shtml。

（一）评委与选手的互动

《中国达人秀》的三位评委各有分工，其中一人主控把握全局，其他两人分别代表情感和专业，情感和专业是评委与选手互动的主要内容。

其一，就情感方面而言，挖掘选手背后的故事是节目形成话题的一种方式。故事是根据其戏剧性或者情感性来选择的，在吸引观众的同时，又能够生成一些观点和话题。

一是借身体讲述励志故事。例如，伊能静在袖珍女孩朱洁表演后问道："你这个很像小孩子的状态，妨碍你谈恋爱吗？"引出了残疾人的爱情、父爱等话题，后期节目也继续深度挖掘，在半决赛上朱洁和袖珍男友秦学士"定终身"。

二是讲述家庭情感故事。上文的统计表明，25 次"家庭"话题中，夫妻感情故事就占了 9 次。例如，2010 年《中国达人秀》第一季第 2 期，来自云南的阿石才和他的妻子原生态演唱了奥运主题歌《我和你》。他的妻子阿香说："虽然我们的年龄差距很大，但我很喜欢我的老公。"在评委的追问下，阿石才讲述了他和阿香恋爱的故事。此前阿石才夫妻也参加了中央电视台综合频道的《我们有 1 套》节目，但他们着力展现的是云南少数民族的原生态歌唱。《中国达人秀》则突出了他们的年龄和幸福爱情的巨大反差，吸引了观众眼球，节目借此制造话题的策划意图是显而易见的。

三是讲述友情故事。例如，2011 年《中国达人秀》第二季第 7 期，"功夫派"阎玺刚上台，周立波就说："你这身衣服比较特别。"阎玺从衣服的来历引出了"功夫派"组合。周立波接着问："他们在哪里呢？"阎玺在回答的过程中表达了希望把解散的兄弟们召集起来的愿望。表演结束后，评委黄舒骏从阎玺身上的"峨眉"二字询问他们的派别及分开的原因，阎玺在讲述过程中，黄舒骏则进一步追问："你为什么要寻找他们？"评委伊能静评论道："人总是在失去了之后才知道珍惜，你觉得当时你们最遗憾的一件事情是什么？"阎玺在回答过程中提出"功夫派，永不言败" 的价值理念。可以说，在该节目中，两位评委遵循"5W"的方式对 who、what、where、when、why 展开讨论，在与阎玺交谈的过程中，发表自己的评价和看法，阎玺也在互动中提出了自己的价值理念。《中国达人秀》通过挖掘选手背后的故事激发了选手内心深处的想法，制造出各种令观众产生共鸣的话题。

其二，就专业而言，评委从专业素养的角度评价了表演的艺术性，发表评论和看法，这也是节目激发话题的一种方式。

第一节的统计显示，关于艺术的评论有 14 次，占两季节目话题总数的 19%。例如，2010 年第一季第 2 期节目中，评委高晓松对农民"歌剧家"徐宏东说，

“音乐不在嗓门高低，而在于能否打动人”；半决赛第2场，徐宏东演唱了《女人善变》，高晓松在评点过程中提出音乐的雅俗问题，他说：“我觉得帕瓦罗蒂看到他的居庙堂之高的音乐能感动普普通通的人，而不是所谓的高雅音乐只能给那样的人听，我觉得帕瓦罗蒂已经很快乐了。”最后，高晓松还提出音乐的功利性问题，他说：“你在田野里歌唱已经实现了梦想，把音乐当酒喝比把它当饭吃要幸福很多。”音乐的雅俗和功利性问题在专业点评过程中提了出来，这些话题都会引起我们的反思。

通过激发和调动的互动方式，评委和选手的观点被表达了出来。在格伯纳的涵化理论看来，这种“公开发表”是一种“私人的认知体系朝向公共认知体系的转变”，这种转变创造出新兴的集体思想[①]，电视促成了主要观点的培育和积累过程，最终在社会范围内形成舆论，影响社会价值观的建构。

（二）评委与评委、评委与台下观众的互动

在《中国达人秀》节目中，评委与评委之间的互动比较频繁，甚至发生各种各样的争论，这往往又促进了评委与观众的互动，相应地，观众的强烈呼声也会引起评委之间发生分歧。

例如，《中国达人秀》2010年第一季第1期，当评委给了刘俊峰第二次试唱机会后，高晓松没有改变当初“NO”的立场，而观众“YES”的呼声非常强烈。此时，伊能静改变了主意，肯定了刘俊峰的独特嗓音，同时努力说服周立波。伊能静给出了自己支持刘俊峰的理由：刘俊峰是独特的。然后伊能静转身面向观众说：“他真的很特别，音准是可以练习的，是不是啊？”台下的观众拍手予以肯定，周立波思索良久对刘俊峰说：“你是把唱歌当作你的生命吗？”在刘俊峰做出肯定回答之后，周立波给出了“YES”。从评委到观众、从观众到选手，镜头将不同人的反应通过配合、衔接的形式多角度、多画面呈现出来。按照多模态话语分析理论来看[②]，节目通过这些图像、声音、动作等符号资源的共同参与，展现了观众、评委与选手的交流过程，显示了科学技术对公共领域建设的积极影响。

（三）主持人与观众的互动

主持人程雷在《中国达人秀》中不仅插科打诨，活跃现场气氛，而且也走下台去与观众互动。例如，《中国达人秀》2010年第一季第2期节目中，评委经过激烈争论，同意“D舞代”晋级，程雷来到了观众的中间与观众交流：

---

① 丹尼斯·麦奎尔：《麦奎尔大众传播理论》，崔保国、李琨译，北京：清华大学出版社，2006年，第93页。
② 胡壮麟：《社会符号学研究中的多模态化》，《语言教学与研究》，2007年第1期，第1页。

程雷：D舞代终于过关了，评委因为观众的呼声改变了他们的评判结果，高兴吗？

观众：高兴！

程雷：那待会儿你们要充分发声，大声发言，因为现场的每位观众都是第四位评委，你们有发言权，如果看到你们喜欢的表演的话，应该……

观众：YES！

程雷：如果不喜欢的表演的话……

观众：NO！

程雷：每个人心中都有一位真正的平民英雄可以代表中国登上世界的舞台，下一位选手他的表现能不能赢得现场观众的青睐呢？我们的第四位评委，你们准备好了吗？

观众：YES、YES、YES！

程雷的“第四位评委”的提法肯定了观众权力，程雷与观众一问一答的虚拟“彩排”也令观众感受到这种权力的赋予，进而将观众与比赛进程紧紧地联系起来，激发了观众参与节目的热情。

二、观展/表演：节目之外的受众参与

节目之外，受众通过各种途径参与了节目评论。以网络为例，网民们通过贴吧、论坛、微博发表评论。英国学者安奈特·希尔说：“观众在观看真实电视节目的时候，他们不仅为了娱乐，他们还对节目中的普通人的态度与行为、节目中的观点和实践持批评的态度……观众的评论都涉及对文化和社会价值的争论……”[①]作为受众的组成部分，网民们的网络参与体现了他们对于文化和社会价值的看法，体现了理性思考的一面。网民之间不仅可以讨论和交流节目话题，而且也引申甚至生发出新的公共话题。下面以“奇观/表演”范式为视角考察网民参与《中国达人秀》话题讨论的方式。

（一）观展/表演：受众研究的第三范式

话题的讨论离不开受众的广泛参与，受众研究由于目标不同，研究的侧重点也不同。张玉佩认为，“传播新科技的大量生产与普及，造成媒介讯息内容的生产与消费两端的对立消失，阅听人不需要拥有巨额资本才能拥有媒介生产工具，数位（笔者注：“数位”是台湾同胞称谓，大陆称“数字”）生产工具如电脑、数位相机或数位录影机结合网际网络，使得二十一世纪当代阅听人研

① 希尔：《流行真人秀：真实电视节目受众的定性与定量研究》，赵彦华译，北京：中国国际广播电视出版社，2008年，第10页。

究面对的阅听人，比起二十世纪 Hall 等人面对的阅听人更容易成为媒介讯息的生产者”①。其影响在于，代表制码的文本与代表解码的阅听人已经融合在一起，造成生产/消费、制码/解码的边界逐渐消失。《中国达人秀》的话题因这些边界的消失、制码与解码的融合而被激发出来，因此，我们采用尼古拉斯·艾伯柯龙比和布莱恩·朗赫斯特在其共同撰写的《受众：展演和想象的社会学理论》一书中提出的“奇观/表演”（SPP）范式，研究受众的交往及其话题的激发问题。

尼古拉斯·艾伯柯龙比和布莱恩·朗赫斯特在书中批判了伯明翰学派的收编/抵抗（IRP）范式，在他们看来，SPP 是对受众性质及受众经验中所出现的一些变化的回应，能够解释受众的新变化。例如，“商品化的过程开始将个体既视作消费者，又视作受众的一员。另外，民众的休闲和爱好日益被建构成事件，其中的参与者也更像是受众成员。这些过程所带来的总体效果是，受众的属性和经验开始从先前包容它们的特定的表演事件中渗出（leak out），渗透到日常生活的更大领域。身为受众之一员已经变成了一个稀松平常的事件。为此，SPP 突出了认同的概念；受众的身份和人格角色的建构（construction of the person）密切相连”②。尼古拉斯·艾伯柯龙比和布莱恩·朗赫斯特所指出的受众属性的变化是《英国达人》在全球化背景下“旅行”到东方进而中国化，并继续吸引受众的重要原因。

围绕 SPP 范式，尼古拉斯·艾伯柯龙比和布莱恩·朗赫斯特提出了三个主要子概念。第一，扩散受众。两位学者认为，当代媒介影像的大量渗透、入侵日常生活，使得无人能够逃脱受众的位置，人人都直接或间接地成为受众③。《中国达人秀》的媒介景观不仅体现为受众通过网络论坛参与节目，而且微博也为受众及时交流提供了媒介平台，尤其是节目组引入了媒体评审团，人们消费媒介的时间更多了，受众进一步扩散。第二，奇观。两位学者认为，表演组成了世界的要件，所有万物都是为了被注视而表演，奇观包含“看/被看”与“观看凝视/公开展示”的内涵。④《中国达人秀》精良的制作本身就是被凝视和观看的一种行为，包括网民在内的受众都表现出了巨大的参与热情，这与受众从 SPP 过程中获得的动力有一定的联系。第三，自恋。两位学者认为，自恋不只是个

---

① 张玉佩：《从媒体影像观照自己：观展/表演典范之初探》，《新闻学研究》（台北），2004 年第 82 期，第 41-85 页。该文曾发表于“2004 年中华传播年会学术研讨会”，澳门旅游学院，2004 年 6 月 25 日。

② 陶东风：《粉丝文化读本》，北京：北京大学出版社，2009 年，第 72 页。Abercrombie N, Longhurst B. Audiences: A Sociological Theory of Performance and Imagination. London: Sage Publications, 1998: 36.

③ Abercrombie N, Longhurst B. Audiences:A Sociological Theory of Performance and Imagination, London: Sage, 1998: 44.

④ 张玉佩：《从媒体影像观照自己：观展/表演典范之初探》，《新闻学研究》（台北），2004 年第 82 期，第 44 页。

人的心理状态，而且是整体的社会文化现象，“自我中心”是构成奇观社会的要素，阅听人认为自己是众所瞩目的焦点，无时无刻皆被注视着。同时，自恋包括了人们会认为自己受到注目而在他人面前进行想象性的表演。[①]就《中国达人秀》而言，一方面选手在舞台下通过微博、论坛等方式上传自己的生活照片、发布自己的近况等，另一方面网民通过网络发帖，获取其他网民的注意和讨论。可以说，自恋倾向对于选手和网民而言在某种程度上都存在着。以上几个概念相互联系、相互渗透，是一种循环的“互文性”关系。[②]下面将重点探讨 SPP 范式下的网民参与行为。

（二）SPP 范式下的网民参与行为

网络是受众参与《中国达人秀》的一个重要途径，也是网民讨论相关节目话题的平台，因此，网民参与讨论也是《中国达人秀》话题激发的一个方式。不过，网民参与讨论的行为表现方式并不相同，主要有两种：其一，网民积极补充选手信息、比较选手间的差异、探究“事件”原委，进而让自己融入偶像的影像情境中；其二，网民的讨论一般是由楼主发帖，其他人跟帖而形成，发帖和跟帖形成了一种看与被看、展示与被展示的关系，这使得楼主及其网民借助这些关系进入 SPP 的环境中，形成自己的体会和看法，节目话题在这些过程中被再次激发和延伸。

其一，网民积极补充选手信息、比较选手间的差异、探究“事件”原委，让自己融入偶像的影像情境中。

（1）追踪偶像生活、成长情况。以“中国达人秀吧”为例，有的“粉丝”发布偶像生活中的照片，让其他受众更详细地了解选手的情况。网名为“木木的雪姐姐”的网友发了题为“乌达木的照片：成长的蜕变”和“啥也不说了，快来看偶像乌达木美图”的两篇帖子，记述了乌达木 8 岁至今的演艺、成长经历，在展示的过程中，网友发表自己的看法和观点。网友“爱就是这样紫的”发表“‘送你葱’菜花甜妈菜市场生活玉照放出”的帖子，揭示菜花甜妈日常生活中的卖菜生活。还有很多网友在讨论过程中补充选手的很多照片，如网名为“我的 QQ45551892”的网民发起“潘成濠深圳海选超越上海的表现”的主题帖，追踪潘成濠的成长经历。

（2）揭秘偶像背后的故事。例如，“关于达人乌达木选手真假唱集中讨论帖”辩论了乌达木的演唱问题。帖子“《月光婚礼》！足以震惊世人的真爱！揭秘未晋级的真正原因！”从节目策划、选手两方面讨论刘凯潇没有晋级的原

① 陈泽玮：《以观展／表演典范论女人我最大的阅听人》，中华传播学会 2006 年学会论文，2006 年 7 月。
② Abercrombie N, Longhurst B. Audiences: A Sociological Theory of Performance and Imagination. London: Sage Publications, 1998: 178.

因。帖子“关于中国达人潘玥琳的一切！”收集了潘玥琳的所有参赛情况。“关于中国达人薛巧萍的一切！”非常详尽地披露了薛巧萍参赛背后的来龙去脉，尤其向网民传达了薛巧萍个人的一些观点和看法。“关于中国达人卢驭龙的一切！”的主题帖同样记述了卢驭龙参赛背后的故事。“幸福会有时”发表了“RAP达人寿君超”的帖子，披露了寿君超参赛后的感受、选择比赛曲目的原因等。网民“显示大茶几”上传视频“兰鸽夜场演出节目现场版”，还原了兰鸽在台下表演中的形象。再如，“‘民工街舞团’真实生活大纪实：深圳跟拍”等主题帖，不一而足。

（3）发布相关信息。网友“第三方噶 w”发布“黄健翔后菜花甜妈重磅加盟中国职场好榜样！”的信息，提出“不断追求梦想，不要被困难吓倒，挑战自己，才能成就梦想”的话题。“这世界还有公平”的网民发布“今晚菜花甜妈作客杨澜访谈录，东方卫视甜妈和我们不见不散”的消息。“菜花甜妈七夕情人节做客‘我心唱响’祝有情人终成眷属”“人气女王菜花甜妈单曲首发，22 日邀您共同见证新的传奇！”“乌达木参加王晶导演的电影《无价之宝》的庆典！”“8 月 20 号新周刊 15 年盛典星光熠熠，菜花甜妈与我们不见不散”，等等，通过信息的发布，网友了解了选手的相关活动，从而提升选手的人气。

阅听人按照不同的涉入程度，分为五个连续光谱：无特定媒介使用的普遍“消费者”—受到某类型文本吸引，但彼此无相互接触的“迷群”（fans）—针对特定文本、大量使用媒介且彼此见面、组成非正式网络连接的“崇拜者”（cultists）—组织严谨、专注特定文本、可作为抗争基础的“狂热者”（enthusiasts）—由狂热者发展而来、具有专业生产能力的“小规模生产者”（petty production）。形成的图示为：消费者—迷群—崇拜者—狂热者—小规模生产者。[①]按照尼古拉斯·艾伯柯龙比的分类，网民发布消息、揭秘选手背后故事、追踪偶像生活成长经历的行为，已经超越了一般的消费者，属于迷群、崇拜者、狂热者。在这些过程中，网民发表自己的看法和观点，相互交流分享，形成各种话题。还有些网民比狂热者投入更多的热情和精力，对偶像进行深度解读，具有一定的创作能力，总结和丰富偶像的核心价值，从而创造出新的文本，这类网民可以称为“小规模生产者”。

其二，SPP：价值认同与小规模文本生产。小规模生产者对偶像价值的书写结合了自身经验和某种想象，在书写偶像价值的过程中建构自我认同，甚至形成新的文本。

① Abercrombie N, Longhurst B. Audiences: A Sociological Theory of Performance and Imagination. London: Sage Publications, 1998: 141. 或参考张玉佩：《从媒体影像观照自己：观展/表演典范之初探》，《新闻学研究》（台北），2004 年第 82 期，第 10-11 页。

（1）通过发帖行为展示自我，包括个人的自我价值与作为受众反抗权力的群体价值。一方面，追求自我价值的认同。例如，楼主“染指流年”发起“我很庆幸，卢驭龙是个富二代”的帖子，并未引起网友的注意，于是非常焦虑：“为什么连来骂我的都没有，这帖子都木有人看吗？”同时，他对帖子的标题进行解释：“但是木有人回帖，于是我就取了这个标题来找骂了。”这种解释的意图在于获得其他网友的理解和支持。“Fion 陌”发起“中国达人秀之‘我见’”的贴子时也非常焦虑，在获得吧主支持的时候，其欣慰之情显而易见：“感激吧主！我还正在郁闷，这里帖子太多，刷新又太快，怕会沉呢，沉到我自己都找不见。”再如，“沃土 MS”发起“永远支持你，我的朋友‘乌达木’”的帖子，其“请朋友们一定要顶我一下”的呼吁之类的帖子就有 68 篇之多，可以说，楼主的展示和寻求价值认同的愿望非常强烈，渴望他人肯定自己的身份和价值。发帖是一种展示行为，楼主试图在网友的关注、理解、支持当中获得肯定，实现自我价值。

另一方面，追求群体价值的认同。例如，“风中百合”发起“强烈质疑乌达木官网排名第一晋级决赛……”的帖子，呼吁网民团结起来批评节目组的黑幕操作，抵制节目。“臭豆腐 icer”的“对于那些只知道胡乱批评的人我感到很悲哀”主题帖获得许多网友的支持，他一再表示他找到了知己：“再一次地找到和我想法一样的人了呢”“今天遇到了好多知己呢”等，这是一种群体性与自我价值相混合的认同。

（2）展示个人体悟，书写偶像价值。例如，在主题帖“我弱弱地问一句评委，你们有没有考虑过四喜丸子的感受？”的讨论中，264 楼的网友“375428959”说：

其实我觉得得不得名次都是小事，最主要的是我希望向叔叔能够登上舞台，能够在万人面前展示自己，让他完成自己的梦想！因为我相信对于向叔叔来说，他在乎的不是那些虚荣的名次或者其他什么荣誉，他在乎的是能够给他一次完成梦想的机会，再说他是真的有能力的人，是有资格登上那个舞台的！可是却被达人秀的黑幕这么给和谐下去了，10 号那天晚上我气得一晚上没睡着，我还是第一次为一个综艺节目这么劳神上心的，当时看到向叔叔被刷下去了，我直接就眼泪流出来了，然后关电脑，不看了，因为我觉得太假了，我已经对达人秀失望透顶了！向叔叔，加油！我永远支持你！我相信你总有一天会完成自己的梦想的！但是不需要用自己的 10 年换取，不需要的！因为老天会爱你这种朴实和为自己的梦想努力奋斗的人的！加油！

这位网友从私人体验出发，展示了自我感受，重新书写、补充了偶像的精神和价值，勇于表达自己的观点。27 楼、39 楼、110 楼、140 楼、286 楼等网友都从自我感受出发体悟、评价选手的价值，形成与偶像视野融合的情景。换言之，这种视野融合过程是通过网友的私人想象完成的，想象和偶像进行对话，确信偶像价值的至高无上。

又如，“我很庆幸，卢驭龙是个富二代”的主题帖中，114楼的网友“Chill”说：

其实我一直觉得他很优秀，我也算个“富二代”，16岁，我所关心的事情从来都只有吃什么、用什么，无聊，现在暑假才刚开始，我就觉得无聊死了，比如现在，我在看贴吧，吃蛋糕，等一下可能还要看动漫，明天应该跟今天差不多。兴趣爱好，心情好时广泛，差时睡觉，上学的时候心情不好我就不去了，梦想是什么我都不知道，自己到底想要什么我都不知道，很多事情无所谓，看到他，我羞愧。他这么做对不起他的父母，对得起他自己，至少他知道要做什么。我觉得吧，都不确定自己的梦想是什么，或者也不追逐自己梦想的人是没有权利批评别人的梦想的，因为他愿意。

网友在个人叙事的过程中，时时会感到偶像的榜样力量，通过自我生活的展示，凸显出偶像价值的伟大，自我展示也是一种自我体悟的过程，网友不仅发表评论，而且也在想象着通过偶像的榜样力量警醒自己，激励自己追寻梦想。

（3）进行新文本创作。例如，网友“wyfwebhx”发布“看到喜悦的表演后，我感动了，觉得应该写点什么”的帖子，“wyfwebhx”说：

她的身边站着一位“蜘蛛侠”，准确地说应该是一位打扮成蜘蛛侠的人，脸面被红色的条纹头套蒙住，略显神秘，个头与她齐平，从较为强健的身材看应该是一位男性。二人走上台时，手里各拿着2根大葱，“表演的是甩葱歌”，我肯定地说道。音乐响起，印证了我的想法。她的歌声和我平时在电脑上播放的基本无二，委婉悠扬。本应该是一次完美的歌曲欣赏，只等到唱完后，全场观众给予热烈的掌声，在三位评委的YES后晋级下一轮比赛。一只猴子的出现，不，应该是蜘蛛侠变成的一只猴子，破坏了整个表演氛围，拿着2根葱的手臂左摇右摆，在空旷的舞台上上蹿下跳，显得是那么地突兀，谁也没有办法理解，他是有何寓意，或者又是在表达些什么。他是上来抢戏的，我恨恨地说着。

“wyfwebhx”不断改写着喜悦与蜘蛛侠的故事，展示了网友解读故事的能力，同时也补充了喜悦的故事。在展示文本改写的过程中，网友表现出了矛盾的心情，也就是蜘蛛侠的形象破坏了舞台表演，这让“wyfwebhx”非常愤懑。这种改写表达了“wyfwebhx”的观点和看法，同时他也想象着自己的评论能够得到其他网友的支持。

又如，网友“hdtvro”发表“卢驭龙带给我们的思考！”的主题帖：

昨天在《中国达人秀》看科学达人卢驭龙很有感触。搜一下特斯拉线圈，这个并不神秘！今年16岁的他，其实验室被妈妈摧毁了24次，手和腿被炸伤住院 1 年多。我感动的是他执着的玩能材！和对科学知识的探索与追求，在我们这种教育制度下是难能可贵的！我对我所生活的国家的教育制度的一点建议……

“hdtvro”首先重新叙述了卢驭龙的故事，在此基础上提出了他对中国教育的看法，并提出了几点建议。这不仅展示了他反思我国教育状况的能力，而且他也在想象着其他网友对他的理解和支持。自我观点的展示是“hdtvro”发表主题帖的一个动力，在展示中，网友之间进行了情感的交流和观点的对话。

总之，评委与选手、评委与评委、评委与观众、主持人与观众之间形成了交流对话的互动性，激活了各种话题；网民的自我展示欲望进一步导致了节目话题在节目之外得到的关注和讨论，并提出很多新的话题，然而，节目之外与节目之内的讨论，节目组却一直缺席，因而这种互动并不完整，后文将会详述。

第三节　节目话题与受众话题的比较

电视综艺节目的话题讨论受限于节目的播出时间和表演形式，前面我们分析的各种节目话题，有的相对深入地进行了讨论。例如，第二季第 1 期，周立波与高晓松就艺术与炫技的话题进行了争论等，但大多数话题只是被激活、提及而已，很多话题还依赖节目之外的再次激活和讨论。这是由电视受众参与节目的方式决定的，正如彭吉象所言，电视观众的参与可以分为两个方面，即现场观众的亲身参与和场外观众的心理参与。[①]因此，场外观众讨论的话题成为电视综艺节目话题的重要组成部分。本节将以网民的话题为例，比较《中国达人秀》的节目话题与网民话题，探讨哪些节目话题被激活、哪些被忽视，进而思考节目话题的相关问题。以下仅以百度“中国达人秀吧”中的“吧友要说”为例，来分析网民就有关选手话题的讨论，其中以刘凯潇、向延红、卢驭龙、喜悦为代表，截止日期为 2011 年 8 月 26 日。

一、“吧友要说”的话题

第一，图 4-2 显示，关于刘凯潇的帖子有：“《月光婚礼》！足以震惊世人的真爱！揭秘未晋级的真正原因！”“大家好，我是百度刘凯潇吧的吧主。请允许我冒昧说几句公道话”共计两篇帖子。其探讨的主要话题如下。

（1）刘凯潇反抗节目组代表的强权。例如，楼主“ninewolves”说：“至少我完全没有感觉到意外。因为一个小时候在美国那样的环境里生长的人，思维方式跟我们肯定是有所区别的。遇到这种事情，是绝不会妥协的，势必会斗

① 彭吉象：《影视美学》，北京：北京大学出版社，2002 年，第 304 页。

争到底。”很多网友肯定了刘凯潇反抗节目组强权的勇气。

（2）与此相关，网友又提出《中国达人秀》的黑幕问题。例如，网友“水帘洞奇观”说：“我们现在假设潇潇的确是恶意炒作，但关注重点不应在他，重点应在番茄是否在一直造假煽情，‘炒作节目收视率’。”

（3）节目剪辑扭曲了选手形象。例如，网友“缺氧小闷”说：“倒是真的觉得节目制作很有问题……看的时候就觉得没有连贯性……这么剪让我当时感觉潇是在煽情做作啊……这集达人秀看完觉得一点章法都没有……太乱七八糟了……电视观众只能片面了解选手。”

（4）男人应该光明磊落。例如，“晴帅儿”认为，“刚开始还觉得潇潇这个人不错，但现在我真觉得他的人格有些问题。你既然是个男人就应该光明磊落一点吧，为什么当初看出问题的时候你不去义正言辞地拒绝，现在背后却用这种阴狠的手段去报复，还要爆人家女导演的裸照，这种做法是不是太无耻了”。

（5）出名与炒作。网友“极度深凉”说：“他需要的不是一个平台来澄清自己，而是展示自己吧整件事，无论结果如何，唯一的受益者就是他。”

（6）爱情的执着。网友“esse 肉肉”说：“音乐响起的那一刻，我都感动得要热泪盈眶，也许正如他所说，他只是为了等待七月份的月光婚礼，也许，他并不是为了达人而出现，只是为了那个她而来。”

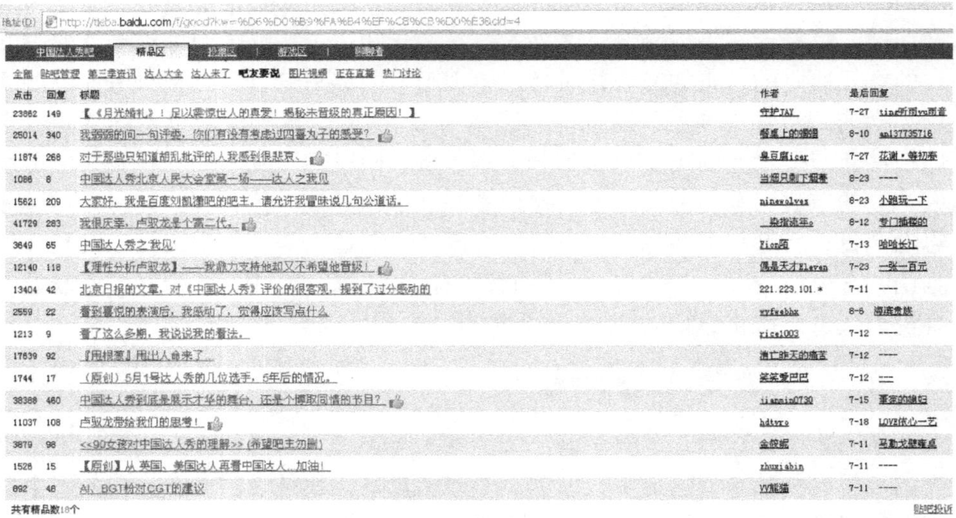

地址(D) http://tieba.baidu.com/f/good?kw=%D6%D0%B9%FA%B4%EF%CB%CB%D0%E3&cid=4

中国达人秀吧 | 精品区 | 投票区 | 游戏区 | 聊聊看

全部 贴吧管理 第三季资讯 达人大全 达人来了 **吧友要说** 图片视频 正在直播 热门讨论

点击	回复	标题	作者	最后回复	
23862	149	【《月光婚礼》！足以震惊世人的真爱！揭秘未晋级的真正原因！】	守护JAY	7-27	ting听雨yu雨音
25014	340	我弱弱的问一句评委，你们有没有考虑过四喜丸子的感受？	餐桌上的蝈蝈	8-10	an137735716
11874	268	对于那些只知道胡乱批评的人我感到很悲哀。	臭豆腐icer	7-27	花谢·feng初泰
1086	8	中国达人秀北京人民大会堂第一场——达人之我见	当烟只剩下烟卷	8-23	----
15621	209	大家好，我是百度刘凯潇吧的吧主。请允许我冒昧说几句公道话。	ninewolves	8-23	小跑玩一下
41729	283	我很庆幸，卢驭龙是个富二代。	染指流年。	8-12	专门插楼的
3649	65	中国达人秀之'我见'	Yion陌	7-13	哈哈长江
12140	118	【理性分析卢驭龙】——我鼎力支持他却又不希望他晋级！	偶是天才Eleven	7-23	一张一百元
13404	42	北京日报的文章，对《中国达人秀》评价的很客观，提到了过分感动的	221.223.101.*	7-11	----
2559	22	看到蕾悦的表演后，我感动了，觉得应该写点什么	wyfwebhx	8-6	海滨贵族
1213	9	看了这么多期，我说说我的看法。	rice1003	7-12	----
17639	92	『甩根葱』甩出人命来了	消亡昨天的痛苦	7-12	----
1744	17	（原创）5月1号达人秀的几位选手，5年后的情况。	笑笑爱巴巴	7-12	---
38388	460	中国达人秀到底是展示才华的舞台，还是个博取同情的节目？	jiannin0730	7-15	重家的媳妇
11037	108	卢驭龙带给我们的思考！	hdtyro	7-18	LOVE依心一艺
3879	98	<<90女孩对中国达人秀的理解>>（希望吧主勿删）	金筱妮	7-11	马勒戈壁瘫点
1528	15	【原创】从 英国、美国达人再看中国达人，加油！	zhuxiabin	7-11	----
892	46	AI、BGT粉对CGT的建议	VV熊猫	7-11	----

共有精品数18个　　贴吧投诉

图 4-2　“吧友要说”截图①

第二，图 4-2 显示，关于向延红的帖子主要有“我弱弱的问一句评委，你

① 中国达人秀吧，http://tieba.baidu.com/f/good?kw=%D6%D0%B9 %FA%B4%EF%C8%CB%D0% E3&cid=4。

们有没有考虑过四喜丸子的感受?"，共有 1 篇帖子，讨论的话题主要如下。

（1）节目策划为了收视率。例如，"nokocasillas"说："他们纯属为了收视率！四喜丸子不来决赛，肯定会少很多收视点！"有网友提出这是节目组的歧视。

（2）尊重、尊严、信心。网友"shenghu424"提出："首先支持丸子 。大家都很平凡，能来舞台，表达自己，就很让我敬佩。但总决赛看得确实让我很困惑，我想说，评委在对人方面真是很不懂礼貌。不懂得尊重他人的人同样也得不到他人的尊重。"

（3）追求梦想。125 楼的网友说："我也支持丸子，一个扮演小丑的角色，一生中有多少辛酸，仍怀着自己的那点梦想，真心希望丸子以后的路一直走好，能实现他自己的梦想，会一直支持他的。"

第三，图 4-2 显示，关于卢驭龙的帖子主要有"我很庆幸，卢驭龙是个富二代"【理性分析卢驭龙】——我鼎力支持他却又不希望他晋级！""卢驭龙带给我们的思考！"共计 3 篇帖子。其主要话题如下。

（1）执着追求梦想。楼主"染指流年"说："网络上有很多人嘲笑他的梦想，说真实现全球范围内的无线输电可以去拿诺贝尔了。我觉得中国这么多年拿诺贝尔的人那么少就是因为想法被你们这些人扼杀在萌芽阶段了。不论做不做得出来，至少你敢想，并且愿意付出吧？如果连想都不敢想，何谈实现一说？如果你只敢想却不愿意做，又何谈实现的可能？所以请大家，包容这个敢想也敢做的孩子，至少，我认为，他比那些只会张嘴嘲笑别人却不敢想不敢做的人值得尊敬。"

（2）对天才的理解。例如，楼主"染指流年"说："天才等于百分之一的灵感加上百分之九十九的汗水。卢驭龙是天才吗？我觉得不是，他比同龄人优秀，但不到天才的程度，还没有实验研究出可以为科学界作出突破性贡献的成果，还没有造福人类。如果有一天，他真的实现了自己的梦想，把全球范围内的无线输电变成一种可能。那才能成为真正意义上的天才。"

（3）科学与人性问题。"尘飞繁"说："科学何处才是尽头啊，人性才是当下的，不知道为什么突然有了这样的想法，感觉卢妈妈挺可怜的，卢的精神当然是可嘉的，但是方法确实是错误的。现代科学已经步入了系统性发展的阶段，卢的行为不管他心里是怎么想的，但从结果来看，只能说是兴趣。"

（4）"全球范围内的无线输电"的科技问题。例如，"k_eios"说："全球范围内的无线输电，从技术上或许是个梦想，但是从实际上，这只能是个幻想……因为要实现这个，必然是要使技术上满足'廉价''小型化''传输损耗最小化’，那么造成的结果就是，任何人都可以‘截获’电厂上传到地球这个大电网中的电力，这是不可能有任何国家或者电力公司会支持的。要想实现这个，有两个前提：①世界大一统；②人类实现可控核聚变，使得电能成为一种廉价到极点的能源。这两个前提，至少要实现一点才能实现无线输电。”

第四，图 4-2 显示，关于喜悦的帖子有“看到喜悦的表演后，我感动了，觉得应该写点什么”“‘甩根葱’甩出人命来了……”共计 2 篇帖子，主要话题如下。

（1）爱情话题。“洪荒舞者”说：“真真正正地感动了，真真正正的爱情，无所求，无所畏，只是爱。”

（2）达人标准。楼主“消亡昨天的痛苦”说：“达人就应该是有才艺、有实力、有精神、有品质的一个结合体。”

（3）追求梦想。“多想去看海”说：“我觉得喜悦的歌声感动了很多的人，多么婉约的声音，多么美妙的歌声，我怎么也忘不了她的歌声，还有她明媚的笑容，对唱歌的执着，对生活的韧性和毅力，怎么能够不感动呢？”

二、节目话题与网络话题比较

网络话题与节目话题相辅相成，共同形成了《中国达人秀》的话题讨论场域。比较两者的联系和相异之处，有利于揭示哪些节目话题被激活、节目制作方如何对待这些话题、体现了节目的哪些诉求及这些诉求对于激活话题的有效性如何，等等（表 4-2）。

表 4-2　节目话题与网络话题比较表

<table>
<tr><th>案例</th><th></th><th>节目话题</th><th>网络话题</th><th>节目组对话题的回应</th></tr>
<tr><td rowspan="2">刘凯潇</td><td>同</td><td>对爱情的理解</td><td>对爱情的理解</td><td rowspan="2">节目宣传总监陆伟通过采访间接回应黑幕质疑[1]；
总导演金磊接受采访回应刘凯潇的煽情和炒作[2]
[2]</td></tr>
<tr><td>异</td><td>生活与希望</td><td>节目黑幕；
剪辑的缺陷；
男人品格；
出名和炒作；
反抗强权</td></tr>
<tr><td rowspan="2">向延红</td><td>同</td><td>对梦想的理解</td><td>对梦想的理解</td><td rowspan="2">2011 年 8 月 12 日节目组邀请向延红，并使其在上海成功举行了个人独唱音乐会</td></tr>
<tr><td>异</td><td>—</td><td>尊重与尊严；
收视率炒作</td></tr>
</table>

① 莫斯其格：《苏珊大妈中国首秀“麻麻地”》，《广州日报》，2011 年 7 月 12 日。

② 朱美虹：《主动煽情遭拒 闪电男孩受宠》，解放牛网，http://www.jfdaily.com/a/2112823.htm。

续表

案例		节目话题	网络话题	节目组对话题的回应
卢驭龙	同	梦想与信念； 科学与生命	梦想与执着； 科学与人性	表演中直接回应对天才与傻子的理解； 节目宣传总监陆伟通过采访间接回应原创质疑[1] [1]
	异	—	天才的理解； 无线输电	
喜悦	同	对爱情的理解； 追求梦想	对爱情的理解； 追求梦想	节目组通过视频展示直接回应故事真实性的质疑； 节目宣传总监陆伟通过采访间接回应故事真实性的质疑[2]
	异	—	达人的标准	

表 4-2 显示，第一，除了评委对刘凯潇提出的“生活与希望”的话题未能引起网民讨论外，节目中的其他话题都能在网民中引起热烈的讨论，也就是说，节目中的话题具有引起社会讨论的有效性。

第二，节目话题与网络话题的数量相差较大。造成这种状况的原因至少有两种：一是电视综艺节目作为娱乐节目无法提供更多的充分讨论话题的时间，这是由节目本身的特质所决定的；二是节目话题的单一性，未能进一步拓展其话题的种类，未能向社会生活深处延展、生发话题。以上案例都选取于第二季，大多是关于“梦”的主题。金磊接受采访时说：“整个《达人秀》我觉得应该做成一本全民励志书。今年我们要去关注年轻人，关注 80、90 后。因为他们也是社会最中坚的力量，从他们的身上能看到我们国家十年二十年的未来是什么样子，所以要去关注他们，去放大他们的梦想。”[3]节目“梦”的诉求导致对梦想的放大，导致评委与每一位选手几乎都要谈论或者提及梦想这个中心话题，这就遮蔽了其他话题的“出场”，从而造成了节目话题的相对单一。

第三，节目制作方通过不同的方式对网民的质疑进行了回应，这些方式主要有：在节目表演过程中直接回应；通过采访的形式进行回应。这些显示了话题互动的初步形成。但也应该看到，节目组对向延红的相关话题未能及时回应，或回应的方式相对单一，未能借助网络的形式及时回应网友的质疑，所以节目组还缺乏融入网民的话题讨论的意识。

① 勾伊娜：《“达人”归来煽情依旧》，《新京报》，2011 年 5 月 3 日。

② 张漪：《喜悦夫妇不是夫妻是演员？》，扬子晚报网，http://www.yangtse.com/news/yl/201105/t20110525_804818.htm。

③ 齐帅：《80、90 后们：轮到你们“秀”了！》，《南方都市报》，2011 年 5 月 21 日。

第四节 《中国达人秀》的平民公共领域建设问题

本章探讨了《中国达人秀》话题形成的现实基础、话题生成方式、话题激发效果。从两季节目的发展趋势来看，话题立足于平民的日常生活，范围越来越广泛，甚至触及了社会自由等严肃话题；话题的激发方式多样化，评委、电视观众、主持人、网民、节目主办方等实现了基本的互动；节目提出的话题也能够引起受众的热烈讨论，甚至生发出一些新话题。然而，《中国达人秀》在建设平民公共领域建设方面还明显存在一些问题。

一、缺乏理想的话语交流情境

哈贝马斯认为，话语共识建立的条件除了交往行为的真实性、正确性、真诚性之外，还需要一个平等、开放、自由的理想话语情境。

1. 一种话语的所有潜在参与者均有同等参与话语论证的权利，任何人都可以随时发表任何意见或对任何意见表示反对，可以提出质疑或反驳质疑。

2. 所有话语参与者都有同等权利作出解释、主张、建议和论证，并对话语的有效性规范提出疑问、提供理由或表示反对，任何方式的论证或批评都不应遭到压制。

3. 话语活动的参与者必须有同等的权利实施表达式话语行为，即表达他们的好恶、情感和愿望。因为，只有个人陈述空间的相互契合以及行为关联中的情感互补，才能保证行为者和话语参与者面对自身采取真诚的态度，袒露自己的内心。

4. 每一个话语参与者作为行为人都必须有同等的权利实施调节性话语行为，即发出命令和拒绝命令，作出允许和禁止，作出承诺或拒绝承诺，自我辩护或要求别人作出自我辩护。因为，只有行为期待的相互性才能排除某种片面要求的行为义务和规范判断，为平等的话语权利和这种权利的实际使用提供保证，解除现实强制，过渡到一个独立于经验和行为的话语交往领域。[①]

《中国达人秀》节目中评委与选手、评委与观众之间的交流在一定程度上接近了哈贝马斯所说的理想话语情境，对话主体处于一个没有外部强制力量干预的交流环境中，自由、平等、开放。这里的问题是，评委与评委之间的话语交流有待加强，主要体现在三个方面。

---

① 张国锋：《关于一个公正世界的"乌托邦"构想：解读哈贝马斯〈交往行为理论〉》，济南：山东人民出版社，2001 年，第 152-153 页。

其一，话语交流的民主问题。例如，第一季第 1 期，评委在刘俊峰晋级问题上进行争论。伊能静对周立波说，“音准是可以练习的”，然后向观众拉票，周立波在伊能静的拉票中几乎无话可说，最后周立波在观众“YES”的呼声中，顺应“民意”给了“YES”。

诚如哈贝马斯所言，“任何方式的论证或批评都不应遭到压制”，评委之间的讨论同样应该表达各自的好恶、情感和愿望，但在实际过程中，某一评委经常会与观众进行沟通，形成强大的“民意”，从而对另一位评委施加影响，最终获得一致性意见。显然，以大多数人的意见为话语标准，少数人服从多数人，这并不符合哈贝马斯的理想情境。公共领域的话语交流需要平等、自由、包容、开放的民主精神。

其二，意见达成的过程中缺少论证。例如，第一季第 5 期，评委关于周国忠晋级问题的讨论中，周立波提出“积极向上、不服老的精神就是达人精神”的观点，同时劝说伊能静，伊能静放弃了自己的判断，也没有论证周立波的观点，而是让观众来做决定，最终同意周国忠晋级。表面上伊能静与观众进行了互动，将评判的权力交给观众，但造成的后果是，伊能静和观众都没有对周立波的论点进行充分讨论和论证；观众的意见往往也左右了评委的意见，导致话题无法进一步展开，而通过“YES”或者“NO”便结束了一个话题。例如，第一季第 5 期，观众的呼声左右了伊能静对陈凯飞海豚音问题的讨论和论证。第一季第 6 期，观众的呼声同样左右了伊能静的判断，忽略了话题的论证过程。

其三，话语交流的包容性问题。一些娱乐节目出现的“毒舌”评委在与选手交流的过程中，一方面试图通过尖刻的言语达到吸引眼球、提高收视率的目的，另一方面也反映了评委作为评论者或裁判者在与选手的交流过程中缺少包容精神。哈贝马斯在《包容他者》一书中说：“平等地尊重每一个人，并非仅仅针对同类，而且也包括他者的人格或他者的他性。携起手来，对作为我们中间的一员的他者负责，这样做涉及共同体中变化不定的‘我们’范畴，而这个共同体没有任何本质的规定，处于透明和开放状态，并且还在不断扩大。这种道德共同体的结构原则就是要消除一切歧视和苦难，包容一切边缘群体，并且相互尊重。这样建构起来的共同体不是一个迫使一切成员用各自的方式彻底趋于同化的集体。这里所谓的包容，不是将他者囊括到自身之中，也不是将他者拒绝到自身之外。所谓‘包容他者’，实际上是说：共同体对所有的人都是开放的，包括那些陌生人或想保持陌生的人。”[①]哈贝马斯的论述非常深刻，包容他者就

① 哈贝马斯：《包容他者》，曹卫东译，上海：上海人民出版社，2002 年，第 1-2 页。

是以开放的心态、平等的精神对待所有的和自己意见一致或相左的人，而不是采用各种方式迫使成员达成一致意见。

对于《中国达人秀》而言，评委之间的交流在这一方面还存在欠缺。例如，第二季第 1 期评委在讨论深圳农民工街舞团的话题时，两位评委就艺术与炫技的关系发生争论，其中一位评委的讨论方式显然透露出一种傲气，这不利于话语的交流，不利于另一位评委发表真实的看法，也无法论证自己的主张。另一位评委的一笑而过说明了这种傲气带来的消极后果。事实上，这位评委的“抢风头”也遭到了很多观众的批评。

总之，《中国达人秀》在互动交流过程中，应该更加注重话语交流的平等、包容，建构理想的话语情境，应该多一些话题论证，少一些煽动“民意”，压制对方，以便达成一种共识。

二、公共话题相对单一

表 4-1 显示，两季节目中，生活类、家庭类、健康类话题比重很大，而社会类、儿童类、友情类、教育类、体育类、动物类、科技类、娱乐类的比重非常小；第一季节目话题中，体育、科技、娱乐类话题甚至缺席。这说明节目涉及的话题不够丰富。尽管第二季对此做了改进，但仍需注意话题的多元性、差异性。

同时，话题的展开方式相对单一，很多话题是以流泪、感动的方式开始和结束的。身体残疾是评委激活话题的一种模式，但一直采用这种模式也会出现问题。例如，2011 年《中国达人秀》第二季第 5 期，郑桂桂用她残缺的双手弹奏钢琴。表演结束后，周立波对郑桂桂说：“能用简短的语言表达你的不幸吗？”郑桂桂却回答说：“我没感觉我不幸啊。是上天眷顾我，给了我一双这么美好的手。”评委试图从郑桂桂的手是残疾的却能娴熟高超地弹奏的对比和差距中挖掘背后的故事，然而，郑桂桂并没有认为她是不幸的，相反感到知足和幸福。这一案例说明节目挖掘故事的模式比较单一，甚至遭到选手的抵制，不利于选手将内心的真实情感表达出来。

又如，第二季第 1 期，围绕雍梦亭所展开的话题讨论相对深入。评委和雍梦亭的交流，一方面从雍梦亭的跳舞生活开始，从其日常生活中论及她对生活的看法；另一方面周立波对雍梦亭的同情、无奈传达了年轻人的教育问题。评委和选手的交流将青年一代女工的生活状况展现了出来。不过，这样较为丰富的展开方式并不多见。因此，笔者认为，节目需要打破以“感动”为主的引入和话题展开方式，多角度、多侧面呈现平民大众的生活世界。

另外，机械的国际接轨也造成了节目话题的单一性。在题为“我弱弱的问一句评委，你们有没有考虑过四喜丸子的感受？”的主题帖中，137 楼的网友这样说道：

这就是中国特色的达人秀，英国有了苏珊大妈，中国就得有菜花甜妈，他们有街舞达人，中国就得有卓君，不然还怎么跟世界接轨？相反，人家至今还没出现科学达人，所以中国的卢驭龙就进不了八强，外国人没有会耍牙的，所以，薛巧萍就进不了决赛。其实他们没有的，我们可以有！而且要把他们打造成中国特色的世界级达人。眼前的中国达人秀，只想着追赶，只想着 PK，却没想过去超越，可悲！

当然，网友的评论存在情绪化的猜测，但有一点可以肯定，不管是节目组还是宣传媒体，的确存在将中国达人与外国达人进行对比的倾向。后果是，节目降低了对中国达人的关注度，尤其是代表中国民族精神的艺术形式得不到应有的肯定，同时节目制造的话题易与英美达人秀雷同，因此，客观上并不利于《中国达人秀》与国外文化的交流，走向世界。《中国达人秀》应该大力挖掘代表中国特色的民间文化，展示传统文化的民族性，在中国平民大众的日常生活世界中寻求达人精神。

三、节目组缺乏建构话题交流场域的理念，商业意识过浓

表 4-2 显示，节目制作方在面对网友质疑时，缺少与网友直接交流的平台和途径，只是通过接受第三方媒体采访的方式回应质疑。虽然有时在节目表演中回应，但次数非常少，尤其在节目开始前的周立波“清口秀”环节，更多是对收视率的夸张肯定和节目悬念的设置。因此，节目组与包括网民在内的平民大众缺少直接的交流和沟通，没有建立话题交流场域。另外，节目组的商业化操作意识比较浓厚，节目播出过程中频频植入商业广告。更重要的是，节目组开创了一年两季的做法，在第二季节目结束之后，立即展开第三季的宣传和准备工作，这也主要是基于商业利益考虑的。宣传总监陆伟曾表示：“近两年内应该还不用担心，但是照目前过度开发的趋势，三五年内真正的达人可能真的会枯竭。”①可以说，国内综艺节目的同质化竞争，以及过度的商业利益追求是导致达人提前透支的重要原因。

一般而言，达人秀节目的制作、剪辑都非常科学，有一个完整的体系，正如《中国达人秀》制作方所说：“《达人秀》是个庞大而复杂的项目，节目授

① 冯遐：《“达人秀”欲与春晚试比高低》，《北京晨报》，2011 年 8 月 22 日。

权方《英国达人》制作一期节目需要用四周的时间，而《中国达人秀》仅用了7天，总导演金磊也感叹过：‘没有一个国家有我们的速度。’”[①]他们在肯定中国速度的同时也承认《中国达人秀》与《英国达人》在制作水平上的差距。现在看来，这么短的时间很难保证节目制作的专业化水平。

从《中国达人秀》第三季的宣传和启动来看，商业利益的追求已经遮盖了公共利益，这对于《中国达人秀》的长远发展是极为不利的。

① 《影视制作》编辑部：《达人是怎样炼成的：解密〈中国达人秀〉制作团队成功秘笈》，《影视制作》，2010年第10期，第15页。

第五章　建设有中国特色的电视平民公共领域：综艺节目的三组关系

对当代中国电视综艺节目的实证研究显示，电视综艺节目虽然在建设平民公共领域方面取得了一定的进步，但也存在一些问题，本章将从理论上思考这些问题。本书提出，电视综艺节目建设平民公共领域的总体方向是激活个体，建立自由、平等、开放的话语交流情境，促进个体间的话语交流，形成情感共鸣。在总的方向下，中国电视综艺节目的发展需要处理好三组关系。

第一节　正确看待理性与娱乐的关系

一、理性与娱乐的“文际性”关系

我们对当代电视综艺节目的发展状况，或批评或肯定，莫衷一是，其根本原因在于我们不能正确看待电视综艺节目中理性与娱乐的关系。电视综艺节目有没有理性，理性与娱乐存在何种关系，其呈现的方式是什么，这些问题显然是电视综艺节目建设平民公共领域的重要问题。

电视综艺节目具有培育理性精神的功能。在施拉姆看来，电视作为大众传播媒介具有四种社会功能：其一，社会雷达功能，传播信息、守望或监视环境；其二，协调和管理功能，推动政策的制定和执行，反映、引导社会舆论，促进社会机制的运转；其三，指导教育功能，教育社会成员，传播文化知识、社会道德规范和价值观念，使之代代相传；其四，娱乐的功能，摆脱工作和现实烦恼，附带起学习和社会化的作用。[①]显然，电视综艺节目的显著功能在于娱乐，但它同样附带有学习和社会化的作用，蕴含理性的因素。例如，《我们有1套》根据社会新近发生的社会热点选择议题、《超级女声》“想唱就唱”的个人权利的张扬、《中国达人秀》对梦想和成长的讨论都是理性传达日常生活经验的表现。另外，很多节目还将公益活动引进娱乐节目，如《星光大道》举办了一

① 郝雨：《媒介批评与理论原创》，上海：上海三联书店，2009年，第43页。

系列公益活动，引起社会反响，这说明综艺节目在娱乐的同时并没有忽视社会问题，在某些方面可以起到“学习和社会化的作用”，显示了娱乐节目的一种理性精神。

事实上，理性与娱乐并非泾渭分明而是相互交融、相辅相成，援引菲斯克的话说，二者之间就是一种“文际性”关系。换言之，理性与娱乐存在于“文际性”的关系中，在不同文本之间进行转换。

菲斯克认为，文际性存在于文本之间，“可以从垂直和水平两个维度来看待这些文际关系，水平文际关系指的是或多或少有明显联系的初级文本之间的关系，这些文本通常是沿类别、人物或剧情的水平轴发生联系。垂直文际性指的是一个初级文本（如一个电视节目或系列剧）和直接提到它的不同类别文本之间的关系。这些不同文本也许是次级文本，比如摄影棚的公开性、新闻特写、批评或者由观众产生的第三级文本。这些文本是以信件，或者（更重要的是）闲聊或交谈的方式表达的”[①]。我们认为，理性与娱乐存在于菲斯克所言的垂直文际性之中，也就是说，理性和娱乐都有可能由初级文本、次级文本和第三级文本所建构。

就初级文本而言，有的节目较多通过语言谈论某种话题，如上文讨论的《中国达人秀》；有的节目才艺表演较多，话题的言语讨论较少，如央视的《欢乐一家亲》《我要上春晚》等。这些节目作为初级文本，其意义都会受到次级文本的影响。“这些次级文本，比如各种批评或者宣传，起到的作用是推动初级文本首选意义的流通”[②]，次级文本在批评和宣传过程中，也会形成节目的一些热点话题，同时激活初级文本的话题和意义，通过理性的声音再次反馈到节目的初级文本中。因此，次级文本蕴含的理性精神比初级文本要强一些。菲斯克认为，“第三级文本是这种流通的最后的、也是最为关键的阶段，因为这些文本出现在观看者与他/她的社会关系层面上”，“这些文本是观众根据自己的反应创造的。它们或是在口头流传，或是体现在读者来信中，形成了一种集体的而不是个体的反应”[③]。网民的反应是第三级文本的重要表现形式，上文讨论的《中国达人秀》的网民行为不仅激活了节目话题，还将节目融入社会关系中，在日常生活经验中深化和引发新的话题，但网民的行为是一种集体行为，在形成理性的过程中往往以反讽、揶揄的娱乐形式出现。因此，从节目的三级文本来看，理性与娱乐并非仅仅存在于初级文本中，而是由多级文本不断建构的。娱乐节目作为初级文本可能较多呈现的是娱乐形式或娱乐精神，但这并不

① 菲斯克：《电视文化》，张鲲译，北京：商务印书馆，2005 年，第 155-158 页。
② 菲斯克：《电视文化》，张鲲译，北京：商务印书馆，2005 年，第 169 页。
③ 菲斯克：《电视文化》，张鲲译，北京：商务印书馆，2005 年，第 169-179 页。

意味着娱乐排挤理性，因为次级文本或第三级文本有可能激活初级文本的理性，反之亦然。

可以说，理性与娱乐在三种文本之中呈现互文性关系，两者相互激发和引申，娱乐的形式有可能蕴含理性精神，理性精神有可能以娱乐的形式展现，或者以严肃的形式反馈到节目中，引导节目的发展。理性与娱乐的互文性关系提示我们，在电视研究中不能纠缠于理性与娱乐的二元对立关系，而是思考电视综艺节目的娱乐需要以何种理性精神来充实，娱乐在多大程度上激发了社会话题，以及节目在娱乐的同时，是否维护了公共利益，尤其是弱势群体的利益。回答这些问题是本书研究电视综艺节目建设平民公共领域的一个目标。

美国学者克罗图和霍伊尼斯说："一个有活力的公共领域不仅包含那些'严肃'的媒体产品，而且还应包括娱乐和轻松的节目。一个多样性的媒体系统既要拥有严肃、挑战性的内容，也要提供愉快的娱乐信息，当然更多的是两者兼有。"[①]他们强调了严肃理性与娱乐的密切关系，可以说，将娱乐等同于非理性，将理性与非理性对立，或者将理性与娱乐对立，这些观念在逻辑上都不能成立。

二、提倡娱乐理性

（一）当代中国电视综艺节目的非理性

当代中国电视综艺节目出现了一些非理性问题，造成了电视娱乐节目的低俗、媚俗、庸俗现象。国家新闻出版广播电影电视总局前局长王太华说，社会的低俗文化表现在众多媒体为了迎合人们不断膨胀的物欲和消费激情，片面渲染对过度消费、挥霍性消费、炫耀性消费的追逐，造成一种有新奇感的刺激[②]。导致这些问题发生的原因应该说不仅仅是娱乐本身的问题，同时也离不开次级文本的蓄意宣传、评论及第三级文本非理性的情绪倾泻。因此，电视综艺节目的理性精神需要三种文本的共同建构才能最终完成。

本书提出娱乐理性问题，意在一边肯定初级文本的娱乐方式和娱乐精神，一边强调初级文本植入日常生活经验、维护公共利益的重要意义，同时重视次级文本、第三级文本对初级文本理性精神的建构。

---

① 克罗图、霍伊尼斯：《运营媒体：在商业媒体与公共利益之间》，董关鹏、金城译，北京：清华大学出版社，2007年，第30页。

② 王太华：《以高度的政治使命感和责任感抓紧抓好抵制低俗之风工作》，《中国广播电视学刊》，2007年第5期，第6页。

（二）娱乐理性

倡导电视综艺节目的娱乐理性，反对非理性，是基于理性与非理性的对立关系、理性与娱乐的互文性关系而言的，而不是打着理性的旗号将娱乐和非理性一起舍弃。事实上，理性并没有严肃和非严肃之分，也没有将娱乐排除出去。

韦斯特拉滕认为，我们反对过于狭窄地解释公共领域中的理性，“当然这与当代社会理论的一个基本问题相关联，也就是与传播、合理性和主体性三者相关。尽管这是一个极为复杂的论题，但我也要着眼于当下，指出一个狭隘的理性的角度来定义‘公共领域’（以理性的理由充足的讨论各种‘严肃的’社会话题为单一的组成元素）将导致一个错误的结论，也就是传媒提供信息的教育功能才受关注。事实绝非如此，传媒提供娱乐的功能（这在电视上居支配地位）在促成公共领域的转型方面也发挥着重要作用”[①]。这种娱乐功能体现了一种娱乐理性精神，成为电视综艺节目建设平民公共领域的主要力量。

娱乐理性主要由平民大众的参与而形成，具有植入日常生活经验、生成社会话题、引起社会讨论的能力。可以说，在平民大众中所兴起的非严肃的娱乐形式也可以培养另一种理性精神，我们称之为具有实质性的娱乐理性。当下精英主义与大众文化的二元对立思维忽视或否认了这种理性的存在，否认了非严肃的娱乐同样可以形成理性的事实，这给电视研究带来了很大的误区。

美国学者戴维斯在讨论游戏传播时指出：“人们唯有使用自我反省风格架构情境、组织经验，才能产生理性。我们经常认为理性与严肃两者相关，其实不然。理性能力主要由传播游戏产生，因为透过传播游戏能产生各种不同主调，使我们能够自我反省并做选择。进一步来看，透过传播游戏才能使我们产生更多自我评价。”[②]戴维斯不仅肯定了娱乐的非严肃主题具有形成理性的功能，而且指出了理性在娱乐和游戏过程中的形成机制，即不同的主调使人在面对他者的过程中进行角色认同，进而自我反省，形成评价的理性。我们认为这是一种区别于严肃理性但又蕴含理性精神的娱乐理性。

（三）警惕严肃理性对娱乐理性的殖民

提倡娱乐理性，还需警惕严肃理性对娱乐理性的入侵。这主要体现在两个方面。

---

① Verstraeten H. the media and the transformaiton of the public sphere. European Journal of Communication, 1996, (11): 352-353.这里借鉴了展江的译文并做了部分改动，展江：《哈贝马斯的“公共领域”理论与传媒》，《中国青年政治学院学报》，2002 年第 2 期，第 128 页。

② Dennis K. Davis、Stanley J. Baran《大众传播与日常生活：理论和效果的透视》，苏蘅译，台北：远流出版事业股份有限公司，1993 年，第 157-158 页。

其一，主持人的严肃性。国内曾有人这样说："我们难以想象湖南卫视缺少了汪涵、何炅等人会是个什么样。这样讲并没有要否定央视主持人的意思，他们虽然是国内一流的主持人，但若站在娱乐舞台上未必就是最恰当的那一个。李咏的三板斧在经过《幸运52》《非常6+1》和《咏乐汇》耍宝之后，'镇山之宝'已所剩无几，而对于董卿，观众似乎只接受她的大气和庄重。所以说，加快挖掘和培养一批有娱乐潜质的主持人，是央视迫在眉睫的大事。"①娱乐节目的转型也呼唤主持人的转型，其中之一就是主持人如何逗乐观众。例如，日本的综艺节目主持人不但具有良好的素质和职业道德，还把逗乐观众、服务观众作为准则，并学习歌舞表演，从传统搞笑艺人中汲取营养，学习如何逗乐观众、如何抖包袱、如何相互吐槽，等等，有严格的主持人培养过程及其职业化机制。②因此，在逗乐观众的过程中如何不轻佻、随意，保持职业操守、底线和社会责任，在娱乐和教化之间寻找一个平衡点，是当代中国电视综艺节目主持人面临的一个重要挑战，这也关系到主持人发挥自身优势激发、引导、沟通、协调各种话题的一个重要问题。《我们有1套》尽管已经开始这种尝试，但从主持的风格、话题的激发和引导方面来看，主持还不够灵活，缺少个性，节目长于传统的教化，短于娱乐。

其二，国家意志以公共议题的形式教化和"殖民"娱乐。这与政治利益和公共利益模糊相关，从而导致很多综艺节目以公共话题的方式传达国家意志，教化意味过浓。《我们有1套》中很多故事叙述者并未进行才艺表演，而是为宣传和建构主流价值单纯进行叙述。例如，第一季第一期节目的最后，通过品尝劳动果实的形式展示了两岸农民同胞的友爱互助的精神，突出两岸血浓于水的话题。再如，彭伟的抗震救灾事迹、王庚仕自办书屋的故事、北京打工夫妻的故事等，都与意识形态紧密相关，也就是凸显国家在汶川地震、教师节、留守儿童教育方面的主流话语。尤其是当国家广电总局对娱乐节目进行规制之后，一些节目如《超级女声》及后来的《快乐女声》将感恩、成长、奉献、亲情等主流话语生硬地植入到娱乐节目之中，缺少艺术性、观赏性、娱乐性。因此，如何将国家意志、公共话语与娱乐性和谐自然地结合起来，是摆在电视综艺节目面前的一个重要问题。电视综艺节目的平民公共领域建设需要形成多元话语，应该将国家意志、公共话语通过日常生活经验的激活机制融会起来，通过对话和交流，在多元的对话基础上形成观点的重叠、包容，进而达成一定的共识。潘知常的《最后的晚餐：春节联欢晚会与新意识形态》一文，探讨了春节联欢晚会由于新意识形态而对民俗文化的"殖民"和仪式置换，导致春节联欢晚会

① 丁炜：《央视综艺节目改版仍然没抓住要害》，《深圳商报》，2010年9月10日。
② 屠丹红：《从日本综艺节目主持人看综艺节目主持人的职业化》，《视听纵横》，2008年第2期，第107页。

（简称春晚）“伪民俗”的无趣[①]。这种仪式的置换恰恰缺少差异、包容，将国家意志悬置于平民大众的日常生活经验之上，缺乏多元对话和沟通。因此，春晚不是在包容差异的过程中达成共识，而是通过节日仪式将受众直接引向单一的国家话语之中。

总之，我们要全面认识理性与娱乐的关系，在娱乐与教化之间寻求平衡，发挥主持人在话题激发、沟通、协调和引导方面的作用，推动电视综艺节目的平民公共领域建设。

第二节　以人为本，均衡政府规制、公共利益和商业利益的关系

赵月枝认为，传播领域的公共利益包含了独立、平等、全面、多元、不迎合的原则[②]，电视综艺节目建设平民公共领域的一个目的就是维护公共利益。在中国的具体环境下，公共利益与政府规制和商业利益密切相关，电视综艺节目建设平民公共领域，需要在政府规制、公共利益和商业利益之间寻求平衡。

一、以制度均衡三者关系

就政府角度而言，首先，政府规制需要以制度形式保障公共利益。中国的电视媒体为国家所有，理论上可以排除过度的商业化，建立平民公共领域，杜绝低俗，服务于公众。石长顺在论述政府规制的必要性时说，在日趋激烈的市场竞争中，广播电视娱乐节目的形态不断翻新，相当比例的节目习惯于诉诸“感官刺激”，而不再追问“理性内核”。有些广播电视节目、广告为了迎合受众的低层次需求，将这些所谓“受众需求”等同于“公共利益”，以低俗的甚至是色情、暴力的内容为“卖点”来吸引受众注意力。[③]石长顺的描述表明，政府规制是保障公共利益的一种方式。

但是中国的政府规制存在两个方面的问题：一是政府规制中的政治利益与公共利益的模糊性，这在第三章第四节已经做了论述；二是规制没有统一的标准，缺少制度建设。当下中国传媒规制强调“媒体的社会责任说”。例如，2009年10月胡锦涛在出席世界媒体峰会时特别指出“媒体的社会责任”问题，强调世界各地媒体要切实承担社会责任，促进新闻信息真实、准确、全面、客观

① 潘知常：《最后的晚餐：春节联欢晚会与新意识形态》，《国际艺术界》，http://www.gjart.cn/htm/viewnews6346.htm。

② 赵月枝：《公众利益、民主与欧美广播电视的市场化》，《新闻与传播研究》，1998年第2期，第27页。

③ 石长顺、王琰：《广播电视媒体的政府规制与监管》，《中国广播电视学刊》，2008年第1期，第30页。

地传播。从责任伦理的角度对媒体提出要求无疑有利于公共利益的实现，但在张春华看来，这只是从媒体内部控制，并未从媒体外部控制的角度确保公共利益的实现[①]，同时传媒的社会责任论并未明确将公共利益问题提出来，因此，当下的一个重要任务是进行新的制度设计，明确公共利益与政治利益、商业利益的界限。

另外，我国政府在维护公共利益和政治利益时，对电视综艺节目的规制过于注重微观上的行政命令，就事论事，缺少在宏观上确立统一标准以指导电视节目的发展。例如，节目质量的好坏、品位的高低都缺乏统一可操作的评估标准，这不仅与政治利益和公共利益相混淆有关，也与当下电视规制缺乏制度建设有关，从而造成了政府规制过度或不足的现象。这突出表现在，我国政府的规制侧重于“解释性规则”，而轻于“规范性规则”。周亭认为，两者的区别在于前者常常比较含混，行动者需要根据自己已有的知识来判断如何行事，行动者与规制制定者之间的关系常常是互相博弈又心照不宣；后者比较清晰，包含一套明确的对权利和义务的规定。[②]因此，明确政治利益与公共利益，明确将公共利益纳入制度建设，是当代中国电视综艺节目规制的重要任务。

其次，发挥政府作用，调节商业利益与公共利益的关系。克罗图和霍伊尼斯认为，“公共利益的媒体至少拥有以下几个特征：①多样性。也就是在民主社会中，媒体应该表现出多元社会里的观点和经历；②创新性。媒体产业中惊人的技术能力和资本财力需要在形式和内容上与创造和创新相结合；③实质性。一个健康的民主社会应当拥有促进公民参与的沟通性媒体，其自身还将包括实质性新闻以及反映社会议题的娱乐部分；④独立性。媒体应当为公众提供独立于集中权力的信息和观点”[③]。两位学者的总结表明，公共利益与商业化存在一定的关系，尤其是产业资本和技术能力推动代表公共利益的媒体进行创新。当代中国媒体的产业化在某种意义上推动了媒体对公共利益的维护。上文在论述《超级女声》时详细讨论了商业利益对于电视综艺节目的积极意义，但是，我们也要警惕这样的观点：媒体产业化给予人们的正是他们所想要的。就长远来看，市场与民主并不完全合拍，市场建立在金钱的基础上，最终制造的是不平等，同时，市场轻视道德，不需要太多考虑社会需求的满足。因此，利润追求导致了商业化与公共利益之间的对抗性关系。

① 张春华：《传媒体制、媒体社会责任与公共利益：基于美国广播电视体制变迁的反思》，《国际新闻界》，2011年第3期，第61页。

② 周亭：《规则与行动：电视娱乐节目生产与公共利益实现》，《现代传播》，2010年第6期，第54页。

③ 克罗图、霍伊尼斯：《运营媒体：在商业媒体与公共利益之间》，董关鹏、金城译，北京：清华大学出版社，2007年，第133页。

如何协调两者之间的矛盾关系？是取消媒体的产业化还是放任媒体对利润的追求？笔者认为，只有政府才拥有渠道和能力进行协调，也就是上文所言的政府规制，通过制度设计和制度安排协调两者的关系，同时将独立、平等、多元的原则置于制度设计的首位。胡正荣在给“广播电视公共服务研究系列丛书”的总序言中说，在制度理念上是否把公平和多样性置于首位，是否将不同利益之间的平衡与和谐放在第一位，是传媒制度理念与安排的关键。[①]胡正荣认为，尽管制度设计和安排是一个长期的、不断完善的过程，但我们需要确立这样的制度理念、态度。胡正荣指出了我国传媒制度设计的首要任务。在这样的制度理念之下考察商业利益与公共利益的关系，我们就会重视电视产业化对于实现公共利益的积极作用，同时会清醒地认识到商业利益的消极性。实现商业利益与公共利益的均衡需要依赖制度上的设计和安排，而不是将节目的低俗、庸俗、媚俗的弊端全部归于产业化本身。

二、以人文价值赋予电视综艺节目一种精神内核

从节目制作方的角度而言，电视综艺节目需要一种人文价值。节目制作理念上，要以人为本，追求人的自由、尊严，这是电视综艺节目在政府规制与商业化之间进行多重选择的一个重要基点。

一些人认为，娱乐节目需要回归主流价值观。例如，吴佳坤在文章《以正确价值观矫正过度娱乐化》中指出，“只有主流价值回归，只有好作品、好节目涌现，那些过度娱乐的势头才能得到遏制”[②]。又如，王芳等人认为，电视娱乐节目不仅能够而且应该引导价值观，并以整改后的《非诚勿扰》为例阐述这一观点[③]。在他们看来，电视娱乐节目应该在娱乐大众和引导大众之间找到一个平衡点，这样才能走得更远。

另一些人讨论了电视娱乐节目应该追求什么样的价值。例如，常江认为电视娱乐节目的价值应该是多元的，他说，很多时候，价值观似乎是个难以界定的概念。每个人都有自己的价值观，整个社会有主流价值观，而我们都要在自己的价值观与主流价值观之间寻求某种平衡。只要不对社会的良性发展构成威胁，价值观的多元，乃至“混乱”，都是无害的现象。一个完美运行的社会，应是各司其职、各行其是，不同价值观之间就算不能“相濡以沫”，也要尽量和平地“相忘于江湖”。[④]常江的多元论有积极的意义，他试图在主流价值观与个体之间寻找平衡点。

---

① 周亭：《中国电视娱乐产业研究：一种生产者的视角》，北京：中国广播电视出版社，2010年，第Ⅳ页。
② 吴佳坤：《以正确价值观矫正过度娱乐化》，《光明日报》，2011年8月9日。
③ 王芳、荣岩：《论电视娱乐节目的价值观引导》，《新闻界》，2011年第1期，第66页。
④ 常江：《关于价值观》，《新华每日电讯》，2011年8月12日。

当代电视综艺节目中，对观众进行“价值观绑架”的现象比比皆是，上文分析的《我们有1套》第一季、《中国达人秀》都或多或少存在这种情况，这就导致了电视综艺节目的一种困境：在涉及主旋律话题或主题时，陷入了空喊口号的怪圈而不能自拔，缺乏吸引力、感染力和影响力，难以产生正面引导效果。[①]因此，电视综艺节目要走出困境，一方面要提倡多元价值理念，另一方面要重视节目的思想性、艺术性和观赏性的“三性”统一，重视在观赏性、艺术性中表现人的自由、尊严，尤其是将主流价值观植入平民大众的日常生活经验中进行相互包容、融合和激荡，形成自由、尊严的各种议题。

如果将电视综艺节目作为一个作品，那么冯宪光对优秀文学作品的厘定同样适合电视节目这一“文本”。冯宪光说：“文学的自由价值是发展的，是随着社会的进步和文学的发展而渐次向上提升的。文学史上优秀作家创造的不朽之作，一般来说都具有推动社会进步的历史意义，发现和证实人的价值、尊严的人文意义，开拓人们的审美空间，提高人的审美感受、想象能力的美感意义。”[②]冯宪光指出了文学追求自由价值的动态性和差异性，文学需要将这种差异性、动态性和理想性表现出来，从而提升文学不断追求自由价值的能力。电视综艺节目同样如此，即如何在表现人的差异性、动态性和理想性中展现人的尊严、自由的人文意义，如何在表现思想性的过程中提升人的审美感受、想象能力，而不是以一元价值观取代多元差异的价值观，进行价值观绑架和道德说教，更不是要求所有电视综艺节目的思想性都能达到相同的高度。

这就需要电视综艺节目在追求人文价值的过程中，善于将伦理道德的关怀层级化、多维度化。就道德关怀的内容而言，有“自我关爱”和“关爱他人”之分；就道德关怀的性质而言，有“权利的道德规范”[③]和“关爱的道德规范”。《我们有1套》《超级女声》《中国达人秀》等当代中国电视综艺节目显然过多宣扬了“关爱他人”和“关爱的道德规范”，缺少对个体的“自我关爱”或者“权利的道德规范”的展现，这样就造成了伦理道德关怀的单一性，道德内部不能形成矛盾、差异的多元状况，难以生发出新的话题，因此“价值观绑架”成为很多节目制造话题的常用手法，这是电视综艺节目在建设平民公共领域过程中需要避免的地方。

---

① 这里参考了吴佳坤对娱乐节目困境的看法，参见吴佳坤：《以正确价值观矫正过度娱乐化》，《光明日报》，2011年8月9日。

② 冯宪光：《马克思美学的现代阐释：西方文论与中国新时期文论比较》，成都：四川教育出版社，2002年，第114页。

③ 安奈特·希尔认为，权利的道德规范基于这样一个概念：每个人都有自然的、道德的，从某种程度上来说甚至是法律上的权利，使自己和他人一样生活。参见希尔：《流行真人秀：真实电视节目受众的定性与定量研究》，赵彦华译，北京：中国国际广播电视出版社，2008年，第117页。

三、担负社会责任，倾听弱势群体心声

这是从受众角度而言的。所谓“弱势”指的并不是数量上的少数，而是比起其他社群拥有较少的控制或主宰社会的权力，其接受教育及追求成功、财富、与个人幸福的机会，较主流（或强势）社群有限[①]。例如，《我们有 1 套》节目中关注的底层农民就是弱势群体。

张锦华认为，借助多文化主义建构公共领域有助于弱势群体获得公共表达的机会。在他看来，公共领域的本质应该探讨权力的抗争意义，重视弱势群体如何争取文化认同，特定社会群体如何争取发言机会[②]。有学者提出，可以通过一定的行政方式进行媒介资源的合理配置，“对于服务弱势阶层的媒体或媒介产品，可以尝试不完全走市场的方式，由政府扶植或社会赞助等方式，让弱势群体在传媒领域始终保持一块具有自己话语权的阵地，这不仅可以有利于消除传媒歧视，还有利于社会公平的建立和和谐社会的发展”[③]。上文分析的《我们有 1 套》节目，能够为农民阶层提供情感表达的空间，这与央视作为国家电视台的导向分不开，与其背后强大的中央财政支持分不开。因此，我们一方面应如张锦华所说的提倡多文化主义的建设，重视文化的差异，提供社会关注弱势群体的多元文化环境，另一方面应发挥制度优势，积极关注弱势群体的利益。

当前，电视综艺节目应在两方面注意弱势群体的问题。一方面，主流媒体不要排斥弱势群体。当代电视综艺节目主动将节目受众定位于底层弱势群体的非常少，即使像央视《我们有 1 套》第一季明确将农民作为表现对象，但上文的分析表明，弱势群体尤其是底层农民的比例非常低，社会上层的著名演艺人员占据了较大的比例。《超级女声》将受众定位于年轻人，但处于底层的年轻人也很少能够争取到表达自我、展现自我的机会。因此，降低节目对收视率及对商业利益的追逐，提升表现底层、关注弱势群体利益的能力是当代电视综艺节目建设平民公共领域亟待解决的问题。

另一方面，不要将弱势群体形象扭曲、丑化，而是真实呈现他们的日常生活世界。当代娱乐节目丑化弱势群体的现象比较普遍，例如，《中国达人秀》对农民歌手徐宏东的包装就是节目追求收视率的结果。刘红接受采访时说，节目需要包装，“上次唱帕瓦罗蒂的那个农民（徐宏东），穿着半透明衬衫，里面是个横条背心，绿哈哈的，其实就是导演组帮他找的衣服，因为他穿上这衣

---

① 张锦华：《公共领域、多文化主义与传播研究》，台北：正中书局，1997 年，第 2 页。

② 张锦华：《公共领域、多文化主义与传播研究》，台北：正中书局，1997 年，第 20 页。

③ 童兵：《技术、制度与媒介变迁——中国传媒改革开放 30 年论集》，上海：复旦大学出版社，2009 年，第 223 页。

服看去就好土”[①]。对徐宏东的包装是为形成戏剧性反差效果，提高收视率，但客观上并没有将农民的形象真实地呈现出来，所以我们要警惕这种“审丑”美学。

综艺节目中的反智化也是一种“审丑”的表现形式。肖鹰接受记者采访时对春晚的反智化表达了质疑，他说，近年来，春晚舞台充斥着低俗化、反智化。他们现在不敢嘲笑权贵、富贾，就一味嘲笑弱势群体。比如，小品可以嘲笑为了一套房子离婚的人，他们为什么不嘲笑那些把房价炒到天上的地产商和“地王”……[②]将农民丑化或反智化不仅有损农民形象，而且有损社会各阶层之间的交流，张远晴说：“媒体的正确引导至关重要，万不可为了自己的收视率而装神弄鬼，丑化农民。如果我们带给观众的农民形象总是这样片面，那便是在思想上人为地加剧了城乡的二元差异，实不可取。”[③]不管是审丑还是反智化，都没有尊重弱势群体，没有平等地对待他们、包容他们。第四章第四节所引用的哈贝马斯在《包容他者》一书中的论述也强调了平等、包容弱势群体的问题。平等、尊重、包容、开放地对待他者，尤其是弱势群体，才能将所有的人团结起来，建立一个共同体，电视综艺节目的平民公共领域建设才能顺利进行。

这就要求电视综艺节目要始终以人为本，切实担负起社会责任。担负社会责任与追求商业利益并非一定是矛盾的，关键在于节目制作方以哪一个为出发点和落脚点。凤凰传媒进行了一次调查，时间截止于 2011 年 9 月 14 日 16:44，投票情况如图 5-1 所示[④]。

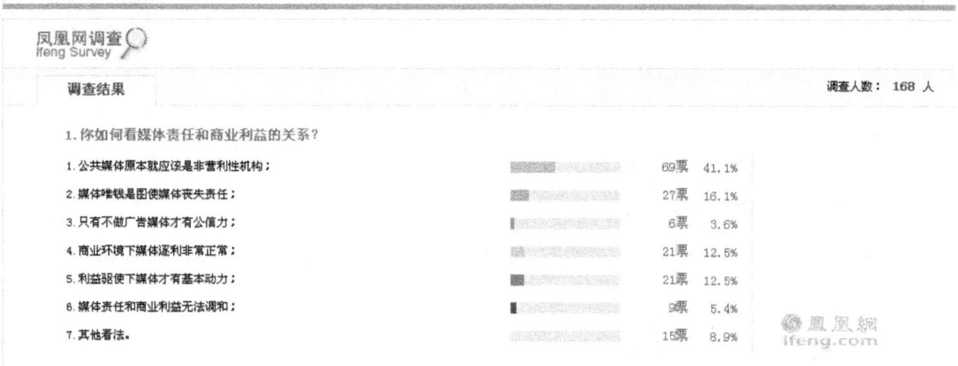

图 5-1　你如何看媒体责任和商业利益的关系

① 李乃清：《中国达人：平民的梦想与追求》，《新民晚报》，2010 年 9 月 7 日。
② 黄冲：《美学教授：春晚核心导向应是维护中华民族文化认同感》，《中国青年报》，2011 年 2 月 17 日。
③ 张远晴：《农民形象不应被丑化 电视台请勿装神弄鬼》，《北方新报》，2011 年 9 月 6 日。
④ 凤凰网传媒频道，http://media.ifeng.com/shijian/special/meitizerenyushangyeliyi/。

调查情况表明，网友并没有完全否定电视节目追求商业利益的正当性，换言之，节目制作方在承担社会责任与追求商业利益之间进行协调的自由度比较大。笔者认为，在商业化环境下，电视节目应该将利润追求建立在以人为本的基础上，将人的生存和发展作为最高的价值目标，一切为了人，一切服务于人，甚至通过产业化运作，电视为人的发展提供更加坚实的物质条件，这就是商业化环境下电视节目应该承担的社会责任，而不应过度追求商业利益。电视综艺节目亦是如此。

在西方保守主义者看来，社会的精英阶层有义务和责任弥补那些贫困和弱势群体在道德和知识上的不足①，社会强势群体应该通过同情和责任来改变社会之间的不平等，而不是将弱势群体反智化、丑化，拉大各阶层之间的距离，阻碍不同阶层和群体间的平等交流。当代电视综艺节目在追求商业利益的过程中，也应该始终以人为本，本着责任和包容之心，赞扬人的真善美，将人的自由、平等、尊严作为衡量商业利益追求的最终基点。

总之，我们应该以人为本，从制度、精神价值、社会责任方面，均衡政府规制、商业利益与公共利益之间的关系，切实将人的自由、尊严、平等作为调节三者的落脚点，以此促进电视综艺节目的平民公共领域建设，使受众在娱乐的过程中追求自由的、善的生活。

第三节　正确处理科技、受众、节目组与公共话语交流场域建构的关系

建立公共话语的交流场域是电视综艺节目建设平民公共领域的重要组成部分。建立公共话语交流场域离不开信息科技、受众、节目制作方的综合作用。如何发展信息传播技术？受众占据何种地位？节目制作方在公共话语交流场域当中应该扮演何种角色？这些都是关系到电视综艺节目能否顺利建设平民公共领域的问题。

一、传播技术与公共领域建设

现代传播技术对于公共领域建设而言，具有双重属性，是一把双刃剑，我们必须全面认识传播技术的作用，然后正确去对待它。

韦斯特拉滕认为，无线电通信技术对公共领域产生了重要影响，“无线电

① 胡正荣：《媒介公共服务：理论与实践》，北京：中国传媒大学出版社，2009 年，第 23 页。

通信将公共领域中的人们彼此置于不同的位置，公共领域不再仅仅存在于哈贝马斯所言的面对面的公共空间中，而且还存在于非直接的面对面的行为之中，结果，这种巨大变化导致社会身份形成方式的变化，身份不再单独由个人的时空背景或社会政治集团决定，而是越来越多地由其他社会背景的对立面所决定，这种身份的去中心化将公共领域推向不同的发展方向”[①]。韦斯特拉滕阐述了无线电通信技术对于公共领域参与者身份的影响，身份的去中心化使参与者的身份随时根据需要发生变化，这使公共领域的交流更加平等、互动。例如，《中国达人秀》在晋级赛中引进了大众媒体评审团，网民通过媒体代表可以和现场评委一起决定选手的去留。《中国达人秀》节目的参与者与主持人的身份也不断发生变化，主持人时而成为场面的掌控者，时而成为观众中的一员；参与者时而是比赛选手，接受评委的评判，时而发表自己的看法，评委成为听者。而这些变化都是通过电视的摄像、剪辑、传输技术得到了全景式展现。可以说，科学技术促进电视公共领域出现了新的特征。

然而，也正如韦斯特拉滕所言，一旦新的传播技术被应用，一般而言具有不可预见性、无目的性，甚至出现相反的结果[②]。传播技术的消极性对公共领域的建设也会带来很多挑战。日本学者水越伸这样概括：“数字媒介的发展壮大会引起与公共领域之间各种形式的摩擦，也会变为促使其分崩离析的催化剂。”[③]他列举了传播技术带来的露丑倾向与煽情主义，以及对隐私的侵犯等。因特网的使用群体成为当代中国电视综艺节目建设公共领域的重要组成部分，但网民的情绪化谩骂、诋毁、谈话内容的空洞无聊也充斥在网络话语的交流过程之中。

面对传播科技的双重属性，我们该如何看待科技对于公共领域建设的作用，应该发展何种科学技术？

一方面，建设公共领域必须反对科技中心主义，我们不能将公共领域的发展寄托于科学技术的发展之上。例如，麦克卢汉提倡的“媒介即人的延伸”理论，从技术范式假定电视的意义取决于传播媒介的理论，在他看来，电子传播形式已经彻底重组了公共领域，信息量的增加和我们文化总体上的加速发展，已使批判反思显得更加困难，因此，他认为传播技术的发展导致公共领域的崩溃[④]，这种技术中心主义忽视了电视综艺节目建设公共领域还取决于社会秩序

① Verstraeten H. the media and the transformaiton of the public sphere. European Journal of Communication, 1996, (11): 355.

② Verstraeten H. the media and the transformaiton of the public sphere. European Journal of Communication, 1996, (11): 357.

③ 水越伸：《数字媒介社会》，冉华、于小川译，武汉：武汉大学出版社，2009 年，第 149 页。

④ 参考史蒂文森评价麦克卢汉关于信息技术与公共领域关系的看法。参见史蒂文森：《认识媒介文化：社会理论与大众传播》，王文斌译，北京：商务印书馆，2001 年，第 219-222 页。

的需要和公共服务机构本身的变革。在雷蒙•威廉斯看来，科技本身并不能决定效果，相反，科技本身是特定社会体系的产物，因此，他认为时下我们所知悉的电视理论或电视实例是否能够改变，并不取决于媒介本身的质性，也不取决于媒介机构必然具有的特征，变与不变，完全取决于社会行动与抗争特征的持续长度与强度①。电视综艺节目的公共领域建设能否成功取决于人与传媒关系的改变、社会秩序变革的需求及人们内心的需要。科技只有在社会综合因素下才能有助于公共领域的建设。

另一方面，发展新媒体技术，拓展公共参与渠道。新媒体很多方面不同于传统媒体，它是所有人面对所有人进行的传播②，是多对多的传播，个人不仅有听的机会，还有说的条件，其形成的是一种开放、平等、互动的空间，胡泳甚至将新媒体称为“共有媒体”，在他看来，共有媒体有利于培养社区的归属感、平等性，可以自由地交流及慎议和批判③。石义彬则进一步指出，新媒体在一定程度上不依赖于他人而独立生存，有一种对公共事务保持热切关注的态度，特别是独立思考和批判的能力④。因此，发展新媒体技术，有利于拓展公共参与渠道，激发受众参与电视综艺节目讨论的积极性，增强他们的媒介接近权和言论自由权，同时还应加强受众的媒介素养教育，培育理想的公共话语。

二、加强媒介素养教育，培育公共话语

当前受众的媒介素养并不乐观。有人对农民工媒介素养做了调查，情况是：①媒介使用不均衡：对手机与电视过于依赖，而对报纸和网络接触较少。②对媒介的评价呈现矛盾心态：不愿轻易相信媒介，但又对媒介信息缺乏质疑与批判意识。③有一定的媒介参与意识，但苦于找不到途径⑤。不难看出，受众的媒介参与能力还有待提高，这意味着媒介素养教育的迫切任务是提高受众的能力结构。陈龙认为，这种能力首先体现在文本的分析、批判能力上，包括识别文化企图、媒介的建构技巧、基本观点及目标受众；其次，跨文化交往沟通能力；最后是培养公众成熟、理性的民主意识。⑥

① Raymond Williams：《电视：科技与文化形式》，冯建三译，台北：远流出版事业股份有限公司，1992年，第167-171页。

② 方兴东、胡泳：《媒体变革的经济学与社会学：论博客与新媒体的逻辑》，《现代传播》，2003年第6期，第20页。

③ 胡泳：《众声喧哗：网络时代的个人表达与公共讨论》，桂林：广西师范大学出版社，2008年，第275-280页。

④ 石义彬：《单向度、超真实、内爆：批判视野中的当代西方传播思想研究》，武汉：武汉大学出版社，2003年，第106页。

⑤ 郑素侠：《农民工媒介素养现状调查与分析：基于河南省郑州市的调查》，《现代传播》，2010年第10期，第125页。

⑥ 陈龙：《媒介全球化与公众媒介素养结构的调整》，《现代传播》，2004年第4期，第28-29页。

以“中国达人秀吧”的“精品区”为例[①]，截止到2011年9月16日，共有134篇主题帖，其中，只有28篇帖子邀请网民进行理性讨论，占总帖数的21%；50篇帖子主要发布各种信息，占总帖数的37%；31篇帖子展示各种隐私，占总帖数的23%；25篇帖子发布其他方面的事情，占总帖数的19%。网民往往以独断的方式表达对偶像的情感，打压和谩骂其他不同意见者，多元差异的包容心态严重缺失。更重要的是，28篇邀请讨论的帖子中，很多帖子刚开始能够进行理性的反思性讨论，但随着讨论的深入，情绪化攻击和谩骂便弥漫开来。这一方面是由于个人人格素养缺乏，另一方面是由于整个讨论缺少积极的引导。因此，网络讨论很难培养出理想的公共话语，形成有效的社会舆论。胡泳认为，理想的公共话语应该体现为六个原则：一是正式的民主程序，也就是保障形式上的平等、言论的自由；二是落到实处的理性，也就是提出主张、提供证据、发展驳议；三是反思性，也就是对一个命题的价值、假设与条件的经常性反思；四是互惠性，也就是参与者必须超越对不同观点的简单容忍，而要在对话中对这些观点进行讨论；五是认识差别，也就是认识到少数群体看待世界的方式可能截然不同；六是中和，也就是公共话语的态度应该是中和的，不要任意夸大。[②]胡泳提出的理想公共话语的六大原则是当下网民讨论所缺乏的，要实现这样的原则，首先是要加强受众的媒介素养教育，增强理性精神、公民意识、自由和平等的理念，这也是党的十七大报告提出的一个任务。

由上观之，我们反对科技中心主义，也反对受众中心主义及其媚俗论，而重视科技在建设公共领域中的积极作用，并强调受众的媒介素养教育，共同推动理想公共话语的形成。

三、建构全方位的公共话语交流场域

公共领域是一个平等、多元的话题讨论空间。如上文所述，评委与观众、网民与网民、主持人与观众的互动交流，已经成为当代电视综艺节目建设公共领域的一个重要推动力量。然而，就节目制作方而言，他们还缺少与广大观众和网民交流的直接途径，节目制作方未能将自己直接纳入公共领域的多元讨论之中，往往采取间接的方式回应各种质疑，这不利于建构全方位的公共话语交流场域。

其一，问题采集的对象主要是网民，无法面向社会各个阶层。各大媒体很

---

① 百度贴吧，http://tieba.baidu.com/f/good?kw=%D6%D0%B9%FA%B4%EF%C8%CB%D0%E3&cid=0&pn=50。

② 胡泳：《众声喧哗：网络时代的个人表达与公共讨论》，桂林：广西师范大学出版社，2008年，第282-283页。

少直接采访平民大众，即使节目展示了少量采访，也几乎听不到观众的不同声音乃至批评。大量的批评之声来自网络，经由第三方媒体传递给节目组。例如，《南方日报》题为“高晓松狱中穿越带话达人秀总决赛引网友批评，东方卫视回应”的采访具有一定代表性。记者写道：“关于演出的一些质疑仍然引发了网络热议，针对几个热点问题，如广告太多、高晓松狱中点评等，南方日报记者采访了《中国达人秀》宣传总监陆伟。”[①]这说明节目组的信息反馈渠道不够多元，不利于将社会各个阶层的不同意见传递上来。

其二，节目组的回应方式以间接为主。例如，“中国达人秀吧”专门设立“2011 年中国达人秀意见箱”，吧主“幸福会有时”“盖盖盖盖铁”“晴帅儿”等与网友交流，然后将网友的意见提交给节目组，在整个网络讨论中，《中国达人秀》的节目组缺席，造成网友无法直接和节目组对话，节目组也无法迅速回应网友的质疑，往往通过第三方媒体采访的形式回应，从而强化了网民的不满情绪。另一种方式是在节目开始或表演过程中，评委或选手直接回应。表 4-2 已经分析过这一方式。与节目组直接交流的途径太少，仅仅依靠间接方式不利于公共话语的形成，也不利于网络形成多元讨论的局面。

其三，积极建构平等、多元、互动的公共话语交流场域。就节目组而言，应该全方位地直接参与话题的讨论，积极采用现代传播技术，拓展信息采集和反馈的渠道。在参与的过程中，一方面倾听和吸纳不同的意见，另一方面及时提供信息，做好沟通，引导参与者的讨论。正如布迪厄所提出的“场域”概念那样，在公共话语交流场域中，文化资本、社会政治资本和经济资本使节目组占据了场域的主要位置，然而，这个位置是与场内的其他位置相联系的，并非分离的，“每个位置客观上都被它同其他位置的客观关系决定，或换个说法，都被直接相关的也就是动力的属性系统所决定，这些属性使得这个位置在属性的总体分配结构中与其他一切位置互相关联”[②]。这就是说，节目组如果不能直接进入话题的讨论，那么在场域中，它的主导地位就会受到质疑，甚至与场内其他位置产生“区隔”，而无法进行顺畅的沟通和理解，各种误解和传言便层出不穷，往往节目中的任何一个“事件”都会被网友视作“黑幕”“炒作”“愚弄”等。这种不信任感不但影响场上的互动，而且无法形成理想的公共话语。因此，就电视综艺节目的公共领域建设而言，节目制作方应该发挥应有的主导作用，积极引导各种话题的讨论。

---

① 吴敏：《高晓松狱中“穿越”带话 达人秀总决赛引网友批评，东方卫视回应》，《南方日报》，2011 年 7 月 12 日。

② 布迪厄：《艺术的法则：文学场的生成和结构》，刘晖译，北京：中央编译出版社，2001 年，第 278-279 页。

总之，科技、受众、节目组是公共领域建立话语交流场域的三个重要组成部分。我们应该正确看待信息传播技术及受众的作用，反对科技中心主义和受众中心主义的两种极端倾向，强调节目组直接进入话语交流场域参与讨论，积极发挥其引导作用。只有将科技、受众、节目组三者形成合力，共同推动理想公共话语的生成和交流，电视综艺节目的平民公共领域建设才能顺利进行。

结　语

公共领域既是一种社会理论，闪烁着理想的光芒，又是一种规范理论，反思实践，规范实践。本书以公共领域理论为视角，考察了当代电视综艺节目的平民公共领域建设情况，反思了当代中国电视综艺节目中的一些新现象和新问题。例如，创新与模仿、高雅与媚俗、本土化与国际化、娱乐与理性、政府规制与商业利益等二元对立关系①。公共领域具有反思这些新问题、新现象的理论能力，也具有指导和规范电视综艺节目发展的实践品质。本书通过电视综艺节目的平民公共领域建设研究，指出其进步与不足，寻求健康发展的路径，这是本书研究的落脚点。

全书既从理论层面辨析了公共领域理论，又从实证层面分析了《我们有 1 套》《超级女声》《中国达人秀》三种代表性文本。在此基础上提出建设平民公共领域是中国电视综艺节目健康发展的一个可供选择的方案，具体体现在，平民大众通过参与电视综艺节目的方式，激活其日常生活经验，形成公共话题，并在理想的话语情境中讨论这些话题，进而在一定共识的基础上建立道德共同体，推动平民大众追求一种自由的、善的生活。这是全书的总体论点，具体论点如下。

第一，从传播结构的改变与社会话语的生产之间的关系入手，从我国政治经济和文化体制改革、草根阶层的崛起、日常生活世界等方面阐述中国电视综艺节目的发展空间。得出的结论是，中国电视综艺节目具有建设平民公共领域的可行性。

第二，从理论上辨析了公共领域理论，指出从阿伦特到哈贝马斯的公共领域理论，其共通之处在于将“人”作为理论的核心问题。由此，本书进一步提出了促进“人”的内在成长与发展，是考察中国电视公共领域的一个有效和较佳的视角。同时，探讨了公共领域的多种维度，着重比较了其政治学维度和社会学维度。笔者认为，应该从“人”的角度，重视公共领域的社会学维度，突出伦理道德在中国特殊的文化传播环境下，电视综艺节目建设带有鲜明伦理道德色彩的平民公共领域不仅具有可行性，而且符合电视“三贴近”原则，满足

① 选秀节目如何处理政府规制、商业利益与公共利益的关系，是当代电视综艺节目面临的一个困境。例如，2011 年 9 月 16 日，湖南卫视新闻发言人李浩透露，国家广电总局因《快乐女声》节目处罚湖南卫视 2012 年停办一切群众选秀类节目。参见袁波：《快女节目超时受罚湖南卫视明年选秀暂停一年》，《成都商报》，2011 年 9 月 17 日。

了平民大众追求一种自由的、善的生活愿望。在上述分析的基础上，本书最后界定了中国电视综艺节目的“公共领域”概念内涵，即追求一种自由的、善的生活的“平民公共领域”。

第三，以央视的《我们有1套》为例，采用实证研究的方法，分析了参与者身份、参与形式、话题交流方式。研究显示，节目注重参与者身份的多元化，包括社会上层、社会中下层和社会底层，榜样的“召唤”行为则成为社会中下层与社会上层进行交流对话的一种形式。另外，节目重视传统的家文化。“家”成为受众参与节目的一种形式，个体参与既超越了一己之“私”，又避免了集体主义对个体自由的压制。同时，家文化又为节目增添了传统文化元素。最后，本书总结了节目在公共领域建设方面所存在的问题。

第四，以湖南卫视《超级女声》为例，研究电视产业化与公共领域建设的关系问题。

首先，从政府规制文件和《超级女声》主创人员的著作等一手资料出发，探讨了《超级女声》节目“不能做的”内容，即不能违反政府规制；“能做的”是将产业化发展作为提升节目公共性的物质基础，寻求商业利益和公共利益的平衡。其次，详细分析了产业化与提升节目公共性的密切关系。结论是，赛区设置推动了个体与群体间的交流；蒙牛公司的立体宣传加强了受众的知情权、媒介接近权；商品化的“他者”需要增强了节目的公共性。再次，重点分析了产业化背景下的“支援”行为的几种形式，同时还讨论了支援行为所带来的私密性问题。结论是：支援行为提升了节目的互动性，有利于生成节目话题，亲友的支援为节目增添了传统文化元素；私密性有利于公共讨论中激活“私”保存“公”，打破传统的“公”“私”矛盾。最后，指出《超级女声》在建设公共领域方面的问题，突出表现在：政治利益与公共利益间的模糊界定；节目过分追求商业利益；私密性易于形成自恋人格，阻碍公共领域的交流。

第五，以东方卫视的《中国达人秀》为例，探讨了公共话题的生产和激活方式。

首先，探讨了节目涉及的主要话题。研究显示，节目将议题植入平民的日常生活世界，激活了平民的日常生活经验，从而生成话题。其次，重点分析了话题激活和生成的方式，结论是，节目内的观众与评委的互动、节目之外的网民参与是节目话题形成和互动的两个主要方式。再次，将节目话题与受众话题进行比较，分析了节目话题在受众中的激活和讨论情况。结论是，节目涉及的很多话题被网民激活，然而节目组缺少与网民直接交流互动的意识。最后，指出了《中国达人秀》在建设公共领域方面的一些问题。

第六，本书从理论上反思了中国电视综艺节目在建设平民公共领域过程中应注意的三组关系：正确看待理性与娱乐的关系，提倡娱乐理性；以人为本，均衡政府规制、公共利益和商业利益的关系，强调制度建设和节目人文价值建构并重，担负社会责任，倾听弱势群体的心声；正确处理科技、受众、节目组与公共话语交流场域建构之间的关系，反对科技中心主义和受众中心主义，强调公众媒介素养教育，全方位建构公共话语交流场域，最终培育良好的公共话语。

当然，本书仅仅基于一种理想和规范的角度，提出建设平民公共领域是中国电视综艺节目健康发展的一个可供选择的方案，还存在一些薄弱与不足之处，尤其是对公共领域政治学维度的阐述力度不够，政治制度和电视体制的复杂性未能得到充分揭示。从社会学的伦理道德维度研究电视公共领域，这在中国特殊的文化语境下具有可行性，但社会横向的道德共同体最终受制于纵向的政治体制的约束，因此，当代中国电视综艺节目建设平民公共领域的最终完成有待于政治体制和传媒体制改革的最终完成。这些方面的论述不多，影响了本书研究的深度。另外，笔者一直对收视率心存一定的“偏见”，因此本书的阐述和论证并没有建立在收视率数据的分析之上，或许这也是另一种形式的“偏见”吧。

一言以蔽之，中国电视的发展仍需学界和业界的探问和反思，需要在冷峻的批判之中闪耀着理想的光芒，在理想的光芒之中批判当下、规范当下。中国电视综艺节目的平民公共领域建设任重而道远。

参考文献

阿伦特．1999．人的条件．竺乾威，王世雄，胡泳浩等译．上海：上海人民出版社．

阿瑟·阿萨·伯杰．2000．通俗文化、媒介和日常生活中的叙事．姚媛译．南京：南京大学出版社．

安东尼·吉登斯．2009．社会学．李康译．北京：北京大学出版社．

贝尔．2002．社群主义及其批评者．李琨译．北京：生活·读书·新知三联书店．

彼得·布劳．1988．社会生活中的交换与权力．张黎勤译．北京：华夏出版社．

伯顿．2007．媒体与社会：批判的视角．史安斌主译．北京：清华大学出版社．

布迪厄．2001．艺术的法则：文学场的生成和结构．刘晖译．北京：中央编译出版社．

布莱恩特．2009．媒介效果：理论与研究前沿．石义彬译．北京：华夏出版社．

曹卫东．2004．权力的他者．上海：上海教育出版社．

陈力丹．1999．舆论学：舆论导向研究．北京：中国广播电视出版社．

陈力丹．2008．传媒，究竟宣传公民意识还是臣民意识？新闻记者，（1）：30．

陈龙．2004．媒介全球化与公众媒介素养结构的调整．现代传播，（4）：28-29．

陈一．2009．中国电视产业化的几点反思：基于传播政治经济学视角的思考．声屏世界，（11）：16．

陈志国．2010．电视综艺节目发展之乱象浅析．中国广播电视学刊，（8）：54．

戴烽．2008．家文化视角下的公共参与．广西社会科学，（4）：199-201．

丹尼斯·麦奎尔．2006．麦奎尔大众传播理论．崔保国，李琨译．北京：清华大学出版社．

道格拉斯·凯尔纳．2007．公共领域与批判性知识分子．李卉译．上海行政学院学报，（2）：98．

邓正来，亚历山大．1998．国家与市民社会：一种社会理论的研究路径．北京：中央编译出版社．

迪金森，哈里德拉纳斯，林耐．2006．受众研究读本．单波译．北京：华夏出版社．

东方卫视·新娱乐《中国达人秀》制作团队．2010．相信梦想，相信奇迹：走近“中国达人”及《中国达人秀》幕后故事．上海：上海文艺出版社．

菲尔克拉夫．2003．话语与社会变迁．殷晓蓉译．北京：华夏出版社．

菲斯克．2005．电视文化．张鲲译．北京：商务印书馆．

冯宪光．2002．马克思美学的现代阐释：西方文论与中国新时期文论比较．成都：四川教育出版社．

傅永军，汪迎东．2007．哈贝马斯“公共领域”思想三论．山东社会科学，（1）：7．

高丙中，袁瑞军．2008．中国公民社会发展蓝皮书．北京：北京大学出版社．

高清海．2004．找回失去的“哲学自我”：哲学创新的生命本性．北京：北京师范大学出版社．

高鑫．2008．电视艺术基础．北京：中国传媒大学出版社．

哈贝马斯．1989．交往与社会进化．张博树译．重庆：重庆出版社．

哈贝马斯．1999．公共领域的结构转型．曹卫东，王晓珏，刘北城，等译．上海：学林出版社．

哈贝马斯．1999．关于公共领域问题的答问．梁光严译．社会学研究，（3）：35．

哈贝马斯．2001．后形而上学思想．曹卫东，付德根译．南京：译林出版社．

哈贝马斯．2002．包容他者．曹卫东译．上海：上海人民出版社．

郝雨．2009．媒介批评与理论原创．上海：上海三联书店．

赫尔曼，麦克切斯尼．2001．全球媒体：全球资本主义的新传教士．甄春亮，李静，王彦，等译．天津：天津人民出版社．

胡明川．2009．电视公共领域中的意见表达：用实证方法批判研究《面对面》．四川大学博士学位论文．

胡泳．2008．众声喧哗：网络时代的个人表达与公共讨论．桂林：广西师范大学出版社．

胡智锋．2004．电视审美文化论．北京：北京广播学院出版社．

胡智锋，张国涛．2006．内容为王：中国电视类型节目解读．北京：中国国际广播出版社．

胡壮麟．2007．社会符号学研究中的多模态化．语言教学与研究，（1）：1．

湖南卫视．2006．穿越梦想：湖南卫视2005全纪录．武汉：长江文艺出版社．

黄月琴．2008．公共领域的观念嬗变与大众传媒的公共性：评阿伦特、哈贝马斯与泰勒的公共领域思想．新闻与传播评论，（1）：111．

江苏卫视．2009．绝对唱响．南昌：百花洲文艺出版社．

凯尔纳．2003．媒体奇观：当代美国社会文化透视．史安斌译．北京：清华大学出版社．

康德．1990．历史理性批判文集．何兆武译．北京：商务印书馆．

克里斯蒂瓦．2006．汉娜·阿伦特．刘成富，陈寒，臧小佳，等译．南京：江苏教育出版社．

克罗图，霍伊尼斯．2007．运营媒体：在商业媒体与公共利益之间．董关鹏，金城译．北京：清华大学出版社．

冷凇．2010．构建中国特色的电视综艺节目体系．当代电视，（8）：17-19．

李佃来．2009．公共领域与生活世界：哈贝马斯市民社会理论研究．北京：人民出版社．

李良荣．2006．为中国传媒业把脉：知名学者访谈录．上海：复旦大学出版社．

李良荣．2007．公共利益是中国传媒业立足之本．新闻记者，（8）：3．

李娜．2008．欧美公共广播电视危机与变迁研究．北京：中国传媒大学出版社．

李普曼．1989．舆论学．林珊译．北京：华夏出版社．

李晓华，田智辉．2009．媒介研究：传播学子论坛·2008．北京：中国传媒大学出版社．
李友梅，肖瑛，黄晓春．2008．社会的生产：1978 年以来的中国社会变迁．上海：上海人民出版社．
梁漱溟．2005．中国文化要义．上海：上海人民出版社．
梁治平．2005．国家、市场、社会：当代中国的法律与发展．北京：中国政法大学出版社．
刘成付．2007．中国广电传媒体制创新．广州：南方日报出版社．
刘晗．2010．哈贝马斯基于交往的话语理论及其规范问题．上海交通大学学报（哲学社会科学版），（5）：63．
刘利群，傅宁．2008．美国电视节目形态．北京：中国传媒大学出版社．
刘一平，吴雄杰．2006．超女幕后：快乐中国的巅峰之作．长沙：湖南人民出版社．
刘泽华，张荣明．2003．公私观念与中国社会．北京：中国人民大学出版社．
卢迎安．2009．当代中国电视媒介的公共性研究（1978—2008）．复旦大学博士学位论文．
陆学艺．2010．当代中国社会结构．北京：社会科学文献出版社．
罗伯特·福特纳．2000．国际传播：全球都市的历史、冲突及控制．刘利群译，北京：华夏出版社．
罗杰·西尔弗斯通．2004．电视与日常生活．陶庆梅译．南京：江苏人民出版社．
麦格雷．2009．传播理论史：一种社会学的视角．刘芳译．北京：中国传媒大学出版社．
麦基．2001．故事：材质、结构、风格和银幕剧作的原理．周铁东译．北京：中国电影出版社．
麦克卢汉．2000．理解媒介：论人的延伸．何道宽译．北京：商务印书馆．
梅文慧．2007．快乐电视选秀：解码《超级女声》引发的选秀现象．北京：团结出版社．
梅文慧，何春耕．2007．综艺大本营：《快乐大本营》娱乐模式．北京：中国传媒大学出版社．
米莉．2005．媒体中公共领域与私人领域的融合：谈娱乐节目《康熙来了》．东南传播，（12）：25．
苗棣，李黎丹，赵长军，等．2005．中美电视艺术比较．北京：文化艺术出版社．
莫斯可．2000．传播政治经济学．胡正荣，张磊，段鹏，等译．北京：华夏出版社．
尼古拉斯·阿伯克龙比．2007．电视与社会．张永喜，鲍贵，陈光明译．南京：南京大学出版社．
纽博尔德．2004．媒介研究的进路：经典文献读本．汪凯，刘晓红译．北京：新华出版社．
欧阳宏生，等．2006．电视文化学．成都：四川大学出版社．
彭吉象．2000．影视美学．北京：北京大学出版社．
彭逸林．2005．真实·人文的宿命．重庆：重庆出版社．
钱庆．2005．《超级女声》火爆荧屏的秘密：5 城市观众调查．市场研究，（9）：18-19．

钱蔚．2002．政治、市场与电视制度：中国电视制度变迁研究．郑州：河南人民出版社．
乔天宇．2010．中国人的家庭观念和政治参与意愿："家国同构"思想在现代社会中的解读．齐齐哈尔大学学报（哲学社会科学版），（3）：26．
任金州，卞清．2006．增强公共性和服务性进一步开放"公共话语空间"：中国电视新闻改革的"公共领域"建设构想．现代传播，（1）：45．
荣耀军．2009．当代中国电视文化研究：多维话语系统的竞争与共生．上海：学林出版社．
桑内特．2008．公共人的衰落．李继宏译．上海：上海译文出版社．
盛永生．2004．电视谈话节目主持话语的基本话目分析．暨南学报（人文科学与社会科学版），（4）：92．
石长顺，王琰．2008．广播电视媒体的政府规制与监管．中国广播电视学刊，（1）：30．
石长顺，张建红．2007．公共电视．武汉：武汉大学出版社．
石义彬．2003．单向度、超真实、内爆：批判视野中的当代西方传播思想研究．武汉：武汉大学出版社．
时统宇．2010．"这收视率，假得很，也黑得很"．视听界，（5）：115．
史可扬．2009．影视批评方法论．广州：中山大学出版社．
史蒂文森．2001．认识媒介文化：社会理论与大众传播．王文斌译．北京：商务印书馆．
史蒂文森．2006．媒介的转型：全球化、道德和伦理．顾宜凡译．北京：北京大学出版社．
史蒂文森．2007．文化与公民身份．陈志杰译．长春：吉林出版集团有限责任公司．
水越伸．2009．数字媒介社会．冉华，于小川译．武汉：武汉大学出版社．
孙宝国．2009．中国电视娱乐节目形态学．北京：新华出版社．
孙隽．2005．超级女声 VS 超级策划．合肥：安徽人民出版社．
汤普森．2005．意识形态与现代文化．高铦，文涓，高戈，等译．南京：译林出版社．
唐浩．2005．大话超女：对一个娱乐神话的解析．北京：北京出版社．
陶东风．2009．粉丝文化读本．北京：北京大学出版社．
特纳．2003．Blackwell 社会理论指南．李康译．上海：上海人民出版社．
童兵．2009．技术、制度与媒介变迁：中国传媒改革开放 30 年论集．上海：复旦大学出版社．
汪晖，陈燕谷．2005．文化与公共性．北京：生活·读书·新知三联书店．
王云峰，朱志成．2006．领秀中国：湖南卫视娱乐品牌全接触．长沙：湖南人民出版社．
王振城．2007．当代西方电视批评理论．北京：中国广播电视出版社．
文崇一，萧新煌．2005．中国人：观念与行为．南京：江苏教育出版社．
吴廷俊．2008．中国新闻史新修．上海：复旦大学出版社．
希尔．2008．流行真人秀：真实电视节目受众的定性与定量研究．赵彦华译．北京：中国国际广播出版社．

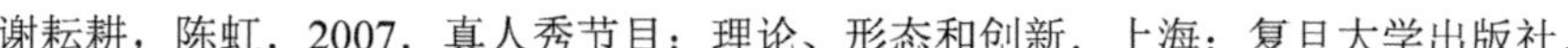

谢耘耕，陈虹．2007．真人秀节目：理论、形态和创新．上海：复旦大学出版社．
许正林．2008．中国新闻史．上海：上海交通大学出版社．
杨步国．2006．传媒体制创新研究．武汉：湖北人民出版社．
杨国枢．2004．中国人的心理与行为：本土化研究．北京：中国人民大学出版社．
杨宏．2005．广播电视产业发展论．成都：四川大学出版社．
杨仁忠．2009．阿伦特公共领域理论范式的学术建构及其政治哲学意义．河南社会科学，(1)：33．
尧风，钱践．2006．收视率再批判．现代传播，（3）：3．
姚君喜．2009．传播结构与社会话语生产．当代传播，（6）：7．
尹鸿．2004．尹鸿自选集：媒介图景·中国影像．上海：复旦大学出版社．
尹鸿，冉儒学，陆虹．2006．娱乐旋风：认识电视真人秀．北京：广播电视出版社．
《影视制作》编辑部．2010．达人是怎样炼成的：解密《中国达人秀》制作团队成功秘笈．影视制作，（10）：15．
于德山．2005．当代媒介文化．北京：新华出版社．
余虹．2010．电视受众社会阶层研究．北京：北京师范大学出版社．
喻国明．2002．解析传媒变局：来自中国传媒业第一站现场的报告．广州：南方日报出版社．
约翰·基恩．2003．媒体与民主．郄继红，刘士军译．北京：社会科学文献出版社．
章国锋．2001．关于一个公正世界的“乌托邦”构想：解读哈贝马斯《交往行为理论》．济南：山东人民出版社．
张国良．1998．现代大众传播学．成都：四川人民出版社．
张锦华．1994．传播批判理论．台北：黎明文化事业股份有限公司．
张锦华．1997．公共领域、多文化主义与传播研究．台北：正中书局．
张军华．2009．大众传媒转型与公共领域拓展．学术论坛，（6）：187-196．
张小争，郑旭，何佳．2005．明星引爆传媒娱乐经济．北京：华夏出版社．
张学标，严利华．2009．大众传播媒介、公共领域与政治认同．新闻与传播评论．
张玉佩．2004．从媒体影像观照自己：观展/表演典范之初探．新闻学研究，（82）：41-85．
张卓．2004．中国传媒公共领域角色的异化与重建．新闻与传播评论．
赵月枝．1998．公共利益、民主与欧美广播电视的市场化．新闻与传播研究，（2）：27．
郑维东．2011．节目与观众哪个更重要．收视中国，（3）：1．
郑欣，甘彩霞，温海玲，等．2008．平民偶像崇拜：电视选秀节目的传播社会学研究．北京：中国传媒大学出版社．
中冈成文．2001．哈贝马斯：交往行为．王屏译．石家庄：河北教育出版社．
中共中央宣传部．1989．十一届三中全会以来党的宣传工作文献选编．北京：中共中央党校出版社．

周亭．2010．规则与行动：电视娱乐节目生产与公共利益实现．现代传播，（6）：54．

周婷．2010．中国电视娱乐产业研究：一种生产者的视角．北京：中国广播电视出版社．

佐佐木毅，金泰昌．2009a．欧美的公与私．林美茂，林滔译．北京：人民出版社．

佐佐木毅，金泰昌．2009b．社会科学中的公私问题．刘荣，钱昕怡译．北京：人民出版社．

CCTV《梦想中国》节目组．2006．梦想中国．北京：中国轻工业出版社．

David Morley．1995．电视，观众与文化研究．冯建三译．台北：远流出版事业股份有限公司．

Dennis K. Davis，Stanley J. Baran．1993．大众传播与日常生活：理论和效果的透视．苏蘅译．台北：远流出版事业股份有限公司．

Raymond Williams．1992．电视：科技与文化形式．冯建三译．台北：远流出版事业股份有限公司．

Dahlgren P. 1995. Television and the Public Sphere: Citizenship, Democracy and the Media. London: Sage Publications.

Glasser T. 1995. Public Opinion and the Communication of Consent. New York: The Guilford Press.

Murray S. 2009. Reality TV: Remaking Television Culture. New York: New York University Press.

Verstraeten H. 1996. The media and the transformaiton of the public sphere. European Journal of Communication, (11): 349, 352-353, 355, 357.

后　记

儿时，因为不到学龄被拒收入学，父母便带着我写满汉字和算术题的小本子一遍遍地往学校里跑，终于感动了老师才得以进入小学。那时常牵着母亲的手，走过小石桥去学校。清楚记得，有一回在路上我仰头问母亲，“为什么要让我去上学读书？”母亲说：“长大以后可以当老师。”懵懂的小孩记下了母亲的话，以为“当老师”就是读书的唯一目的。

虽然那时也特别喜欢看电视，常带着欣羡的眼光与崇拜的心情学着电视里的主持人，满嘴跑着像是普通话的“洋腔怪调”，却从来没奢想过自己能跟神秘的“电视”攀上什么关系。

初中毕业时，真的考入了中等师范学校，实现了“当老师”的愿望。后来上了大学，虽然学习的是汉语言文学专业；念了硕士研究生，学习中国古代文学专业，也都跟“师范”紧紧连在一起；再后来参加工作，当老师便成了人生中水到渠成、自然而然的事情。这大概得感谢儿时母亲那不经意的一句话吧，“说者无心，听者有意”啊——当老师让我挺知足的!

年岁逐增，有时静下来整理梦想，开始思考“初心”，却猛然发现，其实在内心深处一直还怀有对“电视”的热爱，有对舞台的渴望，有对神秘荧光屏的一份向往。于是问自己：有没有勇气放下已有的专业所学，去追寻一个胆怯而又朦胧的梦想？与其对门里的世界永远充满好奇，能不能努力去靠得更近一点，哪怕也只是在门口作一次观望？

鼓起勇气，又自我否定；否定之后，终又不甘；反反复复，才决定“半路出家”。

查找信息，电话咨询，登门求教，复印资料，购买教材，从零基础出发！一边是作为刚参加工作的教坛“学徒”，需要摸索教材、学习备课上课；一边得挑灯复习，大堆的专业课书籍和英语题海，需要蜗行般的摸索啃嚼。2008 年，忐忑地踏进四川大学博士入学考试的考场，去挑战一个陌生的学科——广播影视文艺学。当幸运地收到录取通知书的那一刻，最开心的就是离儿时的所爱、一直没变的情结居然真的又近了一步。

今天，我依然知足地当着老师，但也幸运地靠近了我的“电视”。

小书即将付梓，庆幸能借后记的机会感谢生命中那么多美好的、深深触动我心灵的人、事、情、物。想说的话很多，笔下的文字却更显稚嫩、笨拙与力不从心，惟能以一颗真诚的心表达对生活和人事的敬意与感激！

感谢启蒙老师邹述廷先生，在知识贫瘠的乡村将我领进文化的殿堂，养我蒙正，教我嘉谟。感谢求学路上，所有启我智慧的老师们！师恩永驻我心！

感谢十年的师范教育经历，“学高为师、身正为范”的职业道德要求鞭策我不断修行前进。

感谢我的硕士生导师周晓琳教授，自入师门以来，从学习到工作、生活，方方面面给予我和我的家庭无私的关爱、帮助和指导，尤其是老师对学生为了一份夙愿而改换专业的宽容、理解和鼓励，让我受益匪浅、甚为感动！

感谢“海纳百川，有容乃大”的四川大学，以博大的胸怀接纳一个小小的学子勇敢追梦。2008 年带着疏浅的知识和一份忐忑的心情来到四川大学，成为冯宪光教授门下弟子，这是我的幸运！先生为人的平和、亲切、善良正直，为学的执着、淡然、睿智，为师的细致、耐心、宽容，使我三年多的生活减少颇多困境，学业得以顺利进行，也使我更加坚定了从教和治学的选择。感谢吾师！感谢先生帮我完成学术研究的转型，带我走进一片新的学术天地，并赋予我受用终生的坚持精神；感谢先生对我小家庭的关爱、帮助。这些都是我们继续向前的精神动力！

犹记那时在川大学习，和同学们一同聆听欧阳宏生教授授课的情境，老师风趣潇洒、亲切近人，从不嫌弃我这半路出家的学生；每当学生提出问题，老师总是予以细心解答，引领我找到研究的路径！

感谢三年多的学习道路上能够聆听曹顺庆教授、吴兴明教授、王晓路教授、赵毅衡教授、傅其林教授、马睿教授等老师的课程和讲座，感受他们厚博的学识和宏阔的学术视野，此乃人生之幸事！

小书的出版得到了西华师范大学文学院和科研处的大力支持，成书过程中，各位领导和同仁给予诸多支持，深表感谢！特别感谢刘玉平教授、刘进教授、傅宗洪教授、王胜明教授、杨红旗教授，对我的教学和科研工作给予特别的关照和帮助！

还有许多因我而默默承受与付出的人：公婆对我们夫妻多年求学而疏于孝亲从无怨言；父母对已过而立之年的女儿还在不断给予无私的帮助和支持；丈夫胡言会在自己繁重的学习与工作之余，多年如一日的理解、照顾和爱护，人生路上得知己如你足矣；女儿欢多、喜多伴我感受天伦之乐，使我更深刻的理解责任、坚强与幸福；诸多的新朋旧友，与我化解困难分享快乐。深深的感谢！这些是我一生的情感支撑！

谢谢所有我爱的和爱我的人！教我带着感恩的、快乐的心情继续前进，追求学习的、生活的、工作的更多更大的快乐和幸福！

王小娟于嘉陵江畔果城南充

2016 年 10 月 22 日